広がる食卓
——コミュニティ・レストラン

世古一穂 編・著

余市テラス・伊藤規久子／地域食堂・工藤洋文／地域の茶の間がる・舘崎やよい
浅めし食堂・三国亜希子／ここほっと・浅見要／てまえみそ・富田久恵
さくらcafe・新野和枝／原っぱカフェ・浦田龍次

梨の木舎

まえがき

「コミュニティ・レストラン」（コミレスと略）はまさに参加型、循環型地域社会形成に向けてのコミニティづくり、コミュニティ・ビジネスとしてのNPOモデル、チャレンジです。

2002年から始まった「コミュニティ・レストラン」プロジェクトは、はじめの予想を上回り、大きな成果を上げています。初年度から公開講座や実践研修を行って、まいたタネが、次年度以降は各地でコミレスが開店するという大きな芽として顔をだしました。

今では、芽吹いた個々のコミレスが成長し、コミレス同士がネットワークするまでになっています。

本書のタイトルを、『広がる食卓——コミュニティ・レストラン』としました。

各地でのコミレスの実現に役立ち、コミュニティづくりやコミュニティ・ビジネスとしての経営、参加協働型地域化社会形成の一助になれば幸いです。

本書の発行にあたっては、各地のコミレスの方々に協力をいただきました。ここに改めて感謝します。本書が手がかりとなって各地の課題を解決していく創意工夫にみちたコミレスが生まれ、コミレスネットワークがさらに広がっていくことを願っています。

世古一穂

広がる食卓──コミュニティ・レストラン
目 次

1 コミレスってなあに？

「コミュニティ・レストラン」〜公共する食卓の広がりと
その可能性　世古一穂 ……………………………………………… 8

2 モデルコミレスを紹介します

余市テラス●笑顔と笑い声がいっぱいの余市テラス
　　　　　伊藤規久子 ………………………………………………… 20

わたぼうしの家●笑顔あふれる月曜日
　　　　　工藤洋文 …………………………………………………… 33

がるだする●つながる 声をだす 行動する 地域の茶の間がる
　　　　　舘崎やよい ………………………………………………… 46

浅めし食堂●高齢者と若者3世代が集う食堂
　　　　　三国亜希子 ………………………………………………… 59

ここほっと●ここに来れば、ほっとできる、ここほっと
　　　　　浅見要 ……………………………………………………… 72

てまえみそ ●こだわり・うんちく・てまえみそで、人もまちも自分も元気に！
　　　　　富田久惠 ·································· 84

さくら cafe ●管理栄養士が地域の食の悩み解決のお手伝い
　　　　　新野和枝 ·································· 96

原っぱカフェ●地域に根ざし、地域を超えたつながりを
　　　　　浦田龍次 ·································· 110

3　地域に広がるコミレス

北海道のコミレス　　伊藤規久子 ·················· 124
西野厨房だんらん●レストランとーくる●ゆめみ～る●と
もかな●ミナパ チセ●風のごはんや●健康キッチン・ルー
プ●森カフェほっぴー●ココ・カラ

東京都のコミレス　　世古一穂・船戸潔・朱恵雯 ·········· 133
びより●まいにち子ども食堂高島平●森の食堂●定食あさ
ひ●イロノハ

埼玉県のコミレス　　浅見要 ··················· 141
コミュニティ喫茶 元気スタンド・ぷりズム＆元気スタンドコミュ
ニティモール●コミュニティカフェ＆ギャラリー まちカフェ●純
手打ち 長瀞うどん ゴーシュ●カフェ ソラーレ

四国のコミレス　　　　　新野和枝 …………………… 145
柚冬庵 cafe くるく

九州のコミレス　　　　　後藤武敏 …………………… 146
森のごはんや ● よらんせ〜 ● みんなの家 ● ひがたカフェ ●
ここちカフェむすびの ● gasse kuu ガッセクウ

あとがきに代えて
「分かちあいの経済」をめざして ………………………… 152

食事　ドリンク　スウィーツ　アルコール

1

コミレスってなあに？

「コミュニティ・レストラン」
～公共する食卓の広がりとその可能性

コミレスサポートセンター全国代表
(特定非営利活動法人) NPO研修・情報センター　代表理事
元金沢大学大学院教授　　**世古一穂**（せこ かずほ）

1　人々が集い、交流する

　「コミュニティ・レストラン」（略してコミレス）は、「食」を核にしたコミュニティ支援を目的に1998年にスタートしたNPOの起業モデルである。

　そのコンセプトは「おいしく食べて、楽しく働く、くつろぎの場」である。

　安全で安心できる食事の提供を核に、人々が集い、交流する場なのだ。筆者が10数年前から提唱し、全国にひろげてきたもので、現在150あまりになっている。

　食の提供に対しては、「地産地消」「旬産旬食」「エコ・クッキング」を基本としている。「食」を中心にすえてみると様々な社会の問題が見えてくる。

　子どもが留守番をしていたり、お年寄りが独り暮らしをしていれば近所の人が気にかけ、何かと世話を焼く。見知らぬ土地に引っ越してきた人がいれば生活に必要な情報や安くておいしい店を教えてくれる。かつて、どこにでもみられたこんな風景はいつしか消え去ってしまった。コミレスがめざすものはそうしたコミュニティの再生ともいえる。

　食生活において、東洋では古来から「医食同源」（薬を飲む

■コミュニティ・レストラン　食と調理の考え方

・地産地消（身土不二）
・旬産旬食
・一物全体

エコクッキング
スローフード

ことも食べ物を食べることも根源は同じこと。体が喜ぶ食事をすれば自然に体も健やかになる）、「身土不二」（四里四方の地元で採れたものを食べる、それが一番体にいいこと）、「地産地消」（その土地で採れたものをその土地で消費すること）といわれてきた。今はこのあたりまえのことがとてもぜいたくなことになってしまっている。コミレスはこのあたりまえのことを地域で実践する場として構想したものだ。

2　地域課題の解決の場

　「安心安全な食の提供」「地域の農業や漁業者との協働」を基本に地域の人々の多様なニーズにあわせて、「女性が地域で安心して働ける場づくり」「障がい者の働く場づくり」「不登校の子どもたちの出口づくり」「高齢者の会食の場づくり」「循環型

■コミュニティ・レストラン5つの実践

1. 地産地消を進めます
生産者の顔が見える食材の活用／地域食文化の再発見と継承／
旬の食材を優先に使用

2. 健康づくりを応援します
食育の場／安心安全な食事の提供

3. 地域の食卓・地域の居間をめざします
共食の場／地域課題への取り組みの場（食を通じた子育て支援、
高齢者・障害者の自立支援など）

4. 誰でも安心して利用できます
バリアフリー、ユニバーサルデザインを基本／一人でも気軽に利用

5. 循環型社会づくりに取り組みます
エコクッキングの実践／食材を丸ごと使用／地域資源の活用

社会の拠点づくり」「福祉就労と社会就労の中間型のいわばN
PO就労のモデルづくり」等々、多様なテーマをもった多様
なコミレスがひろがってきている。

　コミレスが大切にしているもう一つの点は「共食」の場とい
うことだ。コミレスに来る人々はスタッフや相客と会話しなが
ら、さまざまな情報を交換する。コミレスでは人のつながりは
単につくる人と食べる人の関係ではなく、コミュニティをつ
くる対等な関係を目指している。ある日のお客さんが次の日は
日替わりシェフとなって登場したり、次の日にはボランティア
でフロアーで食事を運んでいるということもままあることだ。

3　5つの機能
　コミレスは、「障がいのあるなしにかかわらず地域で生き、

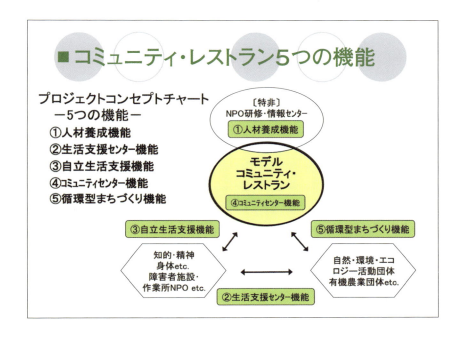

地域で自立して暮らすためのもう一つの『しごとの場』づくり」「コミュニティ・ビジネスとしてのＮＰＯの起業」「福祉就労と社会就労の中間型のいわばＮＰＯ就労のモデルづくり」等をめざしてきた。コミレスの機能を整理すると、以下の５つの機能になる。
①人材養成機能
②生活支援センター機能
③自立生活支援機能
④コミュニティセンター機能
⑤食育や循環型まちづくり機能

　女性の自立支援、就職弱者の新しい仕事場づくりから始まったコミュニティ・レストランは、多くの人の共感を呼び、コミュニティをエンパワーメントするＮＰＯの具体的事業形態

として、地域の農業者、安全な食料を提供する地域の民間企業、生活者、行政等の協働によるＮＰＯの起業モデルとしての広がりを見せている。

4　運営方針

　新しいまちづくり、地域づくり、自律した地域経済活動の新たなムーブメントとして、コミュニティ・ビジネスが注目を集めている。コミュニティ・ビジネスは地域・まちづくりに大きな役割を果たすものである。

　コミュニティ・ビジネスを旧来の経済活動の延長の考え方、隙間ビジネス的な発想の延長でとらえている向きも多いのが現状だ。ビジネスに力点をおいて解釈するのではなく、コミュニティに力点をおいて考えていくことが大切だ。コミュニティ・ビジネスは、この閉塞した社会を打ち破り、地域・コ

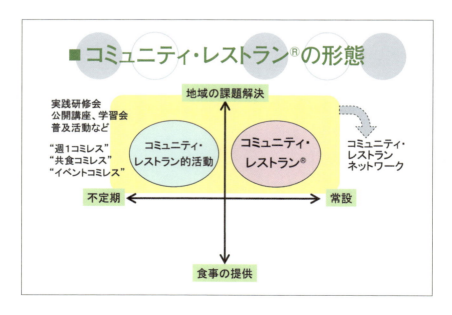

ミュニティを創造、再生するもの、という考え方を根本にすえる必要があると私は考えている。

そこに「食」を核にした新しい取り組み、公共する「食卓」としてのコミレスの意味がある。しかし、コミレスの運営も「コミレスで食べていく」のか、「ボランティアベースでやるのか」では、運営方策が大きく異なる。

「コミレスで食べていこう」とすれば家賃も人件費も必要となる。1食900円から1000円として、たとえば厨房1人とフロアー1人で20席で8割が埋まったとして1日に昼2回転、夜2回転する必要がある。

ボランティアベースでやるならば、地域の人材で料理に得意な人は厨房で料理を、お金の勘定の得意な人はレジを、人あたりのいい人はフロアーをというように、それぞれの得意な分野をうまく活用して運営すればいい。材料費と場所代が出ればいいなら昼間だけで、1食300円から500円でも運営はできる。

ちなみに一般の飲食店の原価率は25％以下といわれるが、コミレスは材料も地産池消で調味料も吟味した安心安全な本物をつかうので、原価率は30％を超えるが、安心安全で美味しいものを提供していくにはここは譲れない一線だ。

5　必要な人材

筆者が代表理事を務める（特非）ＮＰＯ研修・情報センターは、地域自立のＮＰＯ起業モデルとしてコミュニティ・レストランを立ち上げ運営していける「協働コーディネーター」の養成を行ってきた。

コミレスは「食」をキーワードに集う人々の貴重な「居場

所」である。「人と人が支え合い、役に立ち合う『新しい公共』を先取りしたものといえる。

コミレスに必要な人材は調理をする人はもちろんだが、要となるのは地域の農水関連の生産者や行政や福祉関連の施設や、町内会、自治会等の協働をすすめられる「協働コーディネーター」である。

当センターで、これまで12年間にわたって進めてきた「協働コーディネーター」の養成講座を受けた人（約3000人）の中からコミレスを実践する人々が増えてきた。

「コミレス」プロジェクトは種まきの時期を終え、成長、成熟の時期に入る。今後は、各地でコミュニティ・レストランを立ち上げた人々、NPOが支え合い、協働するためのネットワークづくりが不可欠となる。

6 コミレスサポートセンター＝中間支援組織づくりと今後の課題

コミレスは、特に北海道で激増している。それはコミレスづくりを支える中間支援組織、コミレスネットワーク北海道（代表・伊藤規久子さん）の力が大きい。

2012年のコミレス全国フォーラム（福井県鯖江市で開催）において、「コミレスネットワーク全国」を「コミレスサポートセンター全国」と改称した。

同時に北海道、九州、四国、埼玉、京都等のコアとなるコミレスに「コミレスサポートセンター」の機能をもってもらい、コミレスを各地で開いていく、サポート体制づくりを行うこととした。

各地のコミレスサポートセンターは、自立を前提としたゆ

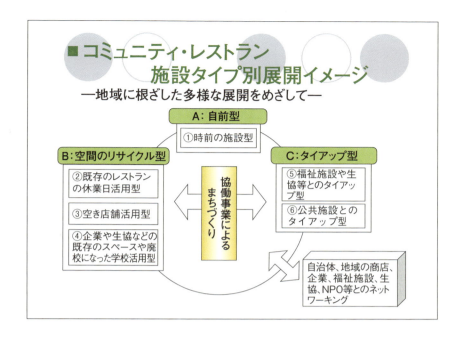

るやかで有機的なネットワークでつながり、全国ブロックごとの中間支援組織となる。

　今年2018年からは、各地のコミレスサポートセンターを核として、コミレスを開設したい人を支援したり、コミレス開設のきっかけづくりとなるフォーラム等を各地で展開していく。全国の県ごとに「コミレスサポートセンター」をつくっていくことがこれからの課題である。

　歩いて行ける範囲にコミレスが必要だ。小学校区に1つくらいのコミレスを実現したいし、実現できる体制づくりにますます力をいれていきたい！

「幸福共創社会」づくりを

　現在、貧富の差は、発展途上国だけでなく日本などの先進

国の問題ともなっている。いっそう富裕になるエリート層の一方で、失業、ホームレス、貧困などの増大、総じて社会的不平等が拡大している。また女性・人種差別により低賃金・不安定労働が固定化され、それが社会全体に波及し、命のもとである「食」の崩壊につながっている。

日本ではいわゆる小泉「構造改革」によって市場原理・競争原理導入の徹底が図られ、この結果、産業は空洞化して、失業者が空前の規模で増大している。公共サービスの民営化、公的社会支出の削減によって、社会保障は低下し、地域や農業が切り捨てられようとしている。

これまで新自由主義的グローバリゼーションに対し、市民はこの流れはやむをえないものとして受け入れさせられてきた。しかし、今やその矛盾が露呈している。

コミレスは市民からのオールタナティブの提案と実践の場でもある。

米国型の「自由」主義競争社会や北欧型の社会平等主義をめざすのではなく、アジア、いや日本にかつてあった「結」や「もやい」といった共同型社会を市民の力でとりもどし、「幸福共創社会」づくりを「コミレス」を核にめざしていきたい。

《プロフィール》

◆世古一穂（SEKO KAZUHO）

元金沢大学大学院教授

特定非営利活動法人　ＮＰＯ研修・情報センター代表理事

コミレスサポートセンター全国代表

京都市生まれ。神戸大学文学部哲学科（社会学専攻）卒業。大阪大学大学院工学研究科博士課程後期修了。

○生活科学研究所主任研究員を経て、1990年、「参加のデザイン研究所」を設立。ＮＰＯ法づくりのための「市民活動制度連絡会」の世話人として活動を続け、特定非営利活動促進法づくりに尽力した。人材養成を専門とする中間支援ＮＰＯ、「ＮＰＯ研修・情報センター」を1997年に開設。同センターは99年、東京都より特定非営利活動法人の認証を取得、代表理事として現在に至る。

　現在政府委員として社会実験推進委員会委員（国土交通省）等

・みなと気仙沼大使、ＮＰＯ法人「気仙沼まちづくりセンター」理事

・酒蔵環境研究会代表幹事

・その他これまでに政府委員として地方制度調査会審議委員（総務省）、産業構造審議会審議委員（経済産業省）、中央環境審議会専門委員（環境省）歴任。都道府県、市町村等の審議会の委員多数。

＜著書＞

・編著『参加と協働のデザイン』学芸出版社 2009

　　　　『マスメディア再生への戦略』明石書店 2009

　　　　『協働コーディネーター』ぎょうせい 2007

　　　　『コミュニティ・レストラン』日本評論社 2007

　　　　『挑戦する酒蔵』農文協 2007 他多数

・著書『協働のデザイン』学芸出版社 2001

　　　　『市民参加のデザイン』ぎょうせい 1999 他多数

2
モデルコミレスを紹介します

余市テラス

笑顔と笑い声が
いっぱいの
余市テラス

いとう き く こ
伊藤規久子

「コミュニティ・レストラン」との遭遇

　私が「コミュニティ・レストラン（コミレスと略）」という
コンセプトに出会ったのは、2001年、（特活）NPO研修・情
報センター（代表理事：世古一穂氏）が主催する「協働コー
ディネーター養成講座」を受講した時です。講座の中で、同セ
ンターが取り組む「コミュニティ・レストランプロジェクト」
を知り、目から鱗！　こんな形で自分の望む社会を築いてい
くことができるのか、おもしろそう！　と大いに共感しまし
た。自分でも是非、コミレスを実践したい、また、より多く
の人にコミレスを知ってもらいたいという思いで、コミレス
のコンセプトに共感してくれた仲間と共に、2003年、「北海道
コミュニティ・レストラン研究会」（2009年、「コミュニティ・
レストランネットワーク」に名称変更）を設立しました。以後、
コミレスの実践に取り組む一方で、（特活）NPO研修・情報セ
ンターと連携を取りながら、北海道内でコミレス公開講座を
開催し、コミレスの普及・啓発に取り組んできました。

コミレス1件目の実践「野の花」（札幌市）

　2003年6月、自分の住む札幌市豊平区西岡の住宅街で、生
活クラブ生協の共同購入活動を通して知り合った15人の仲間
と任意団体をつくり、「野の花」をオープンしました。店舗は、
メンバーの一人が、自分の経営する食料雑貨店の半分を改造
し提供してくれました。メンバーは一人3万円の出資をし、必
要なものは持ち寄り、保健所から喫茶店の営業許可を取り、店
をオープンさせました。各メンバーに無理のないよう、日替
りスタッフ制を取り、店に出ないメンバーも、会計・広報など、

それぞれが得意なことで店の運営に参加できるようにしました。提供するメニューはコーヒーなどの飲み物とうどんやおにぎりなどの軽食でしたが、食材に関しては、もともと協同購入運動を通して知り合った仲間なので、「添加物の入らないもの」「無農薬・低農薬・有機栽培のもの」「遺伝子組み換えでないもの」などにこだわりました。小さなコミレスの実践でしたが、私は実に多くのことを学びました。複数の人と一つの事業を立ち上げ、合意形成しながら実践・継続することの難かしさ、と同時に、複数の人が関わることで広がる事業の可能性、これからの社会の中におけるコミレスの可能性、必要性なども学ぶことができました。ボランティア的な活動でしたが、2007年10月まで、「野の花」の運営に関わりました。私が退会した後も、約10年間、「野の花」は継続しました。

コミレス2件目の実践「余市テラス」（余市町）

　私にとって2件目のコミレス実践となる「余市テラス」は、2008年2月末にオープンしました。「余市テラス」のある余市町は私の産まれ育った町です。18歳の時に札幌へ出て以来、35年間、札幌で暮らしました。札幌での暮らしはなかなか快適でしたが、余市町に住み続ける私の高齢の両親のこと、夫の退職後の人生、私のライフワーク（＝コミレス）を考え、人口280万人の札幌市から人口2万人余（2018年現在は1万8000人）の余市町へ移り住み、コミレスの実践に取り組むことを決めました。

　コミレスの店舗展開は多様ですが、「余市テラス」の店舗は自前型です。夫と私の終の棲家という意味合いで、夫の退職

　金と2人の貯金を土地の購入代金・店舗の建設資金・開店費用に充てました。運営は夫の個人事業という形をとりました。店舗は2階建で、1階は飲食部門に使用。2階には4室あり、B&B（Bed & Breakfast の略）という宿泊と朝食のみを提供する民宿として利用することにしました。1件目のコミレス運営経験から、飲食業で良い食材を使った料理を提供したいと思うと、原価率が高くなり、経営を維持していくことが結構難しいのを理解していたので、そこを補填する事業が必要であると思い、宿泊業も実施することに決めました。

賑わいある店づくり、地域づくりを目指して

　私も夫（故人）も、開店当初は不慣れなことが多く、無我夢

中で取り組む毎日でしたが、次第に店の運営に慣れてきました。店を手伝ってくれるスタッフも現れてきました。常連さんも増え、年を重ねるにつれ、「余市テラス」は地域の中に溶け込んで行きました。余市テラスを訪れる人たちの年代層は幅広く、子どもから高齢者まで様々です。夫がカウンターに立っていたので、男性の常連客も多く、余市町へ移住してきた人や余市町外から訪れてくださるお客さんも多いです。皆、食事やお茶はもちろんのこと、私やスタッフ、お客様同士の会話を楽しみに余市テラスを訪れてくれます。

　店内には、イベントのチラシを掲示・置くスペースを設け、町内外で開催される様々な催事情報を来店者に提供し、観光で余市町に来た人には地元の人でなければわからない観光情報を提供して来ました。

　また、地域の人と人を結びつけ、地域の賑わいをつくり出そうと、様々なイベントを企画してきました。地元のミュージシャンによるジャズやクラシックのライブ、余市町内の異業種・異なったセクター（NPO、企業）の人たちが集まって開催するマーケット、不定期に開催される「ときどき居酒屋」。地元の人が腕を振るうワンデイシェフランチ、おやつづくり教室、精進料理教室、味噌づくり講習会、歌声喫茶なども開催しました。準備は大変ですが、開催のたびに人と人の輪が広がっていく手ごたえを感じました。2011 年の東日本大震災や福島原発事故以降は、被災者の方へのチャリティ・コンサート、募金活動、原発に関連する映画会・写真展などにも取り組みました。

循環型社会づくりへの取り組み

　余市町は人口1万8000人、農業・漁業が基幹産業の町です。農業に携わっている人と直接顔を合わせる機会も多く、彼らと話をする中で、私は日本の農業が大きな課題に直面している現実を知りました。農薬・化学肥料・除草剤などの多用による農地と農作物の汚染、健康被害。農薬を使わざるをえない農産物の流通の仕組み。多額の借金、後継者不足、耕作放棄地の増加などなど。あまりに大きな地域課題ですが、取り組みできるところからスタートしようと、まずは、自分の納得する食材を選ぶことから始めました。

　「余市テラス」では、地元で有機・無農薬の野菜づくり、平

飼い卵の生産に取り組む生産者から直接、野菜や卵を仕入れています。○○さんの米、□□さんのりんごというように、「顔の見える」生産者とのつながりを大事にしています。「余市テラス」の地産地消度はかなり高いです。

調味料は添加物の入らないものを選び、使用しています。旬の素材を活かした料理を提供したいと思い、メニューは内容が毎日変わる「おまかせランチ」のみです。私とスタッフでいろいろ知恵を出し合いメニューづくりをしています。私やスタッフがつくる料理は、基本的に家庭でも調理可能なもので、積極的にお客さんにレシピを伝えています。また、店で使う野菜、卵、米、くだものなどを販売し、多くの人に有機・無農薬栽培の野菜や平飼い卵の良さをアピールしています。

野菜は皮を含め丸ごと使うなど、生ごみをできるだけ出さない調理方法を心がけています。どうしても出る生ゴミは、平飼いの鶏の餌や堆肥になります。地域の水環境を守るため、洗いものには石けんを使っています。石けんの良さを多くの人に知ってもらう目的で、石けんも販売しています。小さな取り組みではありますが、循環型社会の実現を目指し、できることに取り組んでいます。

夫の病気

余市テラスをスタートしてから5年が経った2013年1月、店の運営にも慣れ、地域の中にも確実に根付いてきたなあと思っていた矢先、予期せぬ出来事が起きました。夫の病気です。それまで元気いっぱいで店を支えてくれた夫でしたが、突然の癌宣告。夫も私も店のスタッフやお客さんも大ショックで

した。これから先、どうしようかと真剣に悩みましたが、行きついた結論は、営業日を1日減らし、無理をせずに店を続けることでした。

　幸い、薬が効いて、夫は小康状態になり、店の営業を続けることができました。店の仕事をすることで、夫も自分の病気のことを忘れ、気分転換することができました。コミレスをやっていてよかったとつくづく思いました。その後、夫の病気が進み、骨転移による痛みが出てきた時も、もう1日営業日を減らし、週3日の営業で店を続けました。癌と宣告されて3年4カ月、夫は薬で痛みをコントロールしながら、亡くなる1週間前までカウンターに立ち、コーヒーを入れ続けました。余市テラスは夫に最後まで生きる目的、役割を与えてくれました。

夫が亡くなり……

2016年5月、夫は亡くなりました。私はこれからどうしたらよいかを考えあぐね、余市テラスをしばらく休業することにしました。しかし、まったくの休業ではなく、夫が亡くなる前に予定していたイベント（地元のメンバーによるクラシックコンサート、山菜料理の会、着物リメイク展）や月1回の絵手紙教室、月2回の子どもたちの学習支援活動の時には店を開けました。夫のことを偲びながら食事をしたいというお客様のために、料理もつくりました。フェアトレードに関する映画会の開催を受け入れ、ご常連のお客様の宿泊も時々受け入れました。

夫がいなくなり、悲しさが募る毎日でしたが、仕事をしている間は悲しみを忘れることができました。そして夫が亡くなり半年ほど経った12月、私は店を再開することにしました。高齢の父母の世話もあり、無理のない程度にということで、夫が亡くなる前と同じく、週3回の営業形態を取りました。これまで手伝ってくれたスタッフが協力してくれました。店の御常連さんたちも顔を見せてくれました。これまで夫が担当してくれた飲み物の用意、掃除なども私の仕事に加わり、大忙しでしたけれど、何とかやりこなすことができました。

後継者づくりへの取り組み

週3日の営業とはいえ、私の父母も年を取り、休業日には父母の世話も以前より忙しくなって来ました。母は、認知症が進み、父が介護することは難しくなり、グループホームに入居することになりました。父は一人暮らしとなり、家事など私のサポートが必要でした。

　一方店は、今まで夫が担当してくれた掃除、飲みものの準備、庭の整備も私がしなければならなくなりました。気を張って頑張りましたが、ふと、こんな状態で、いつまで店を続けていられるのか不安になって来ました。私もだんだん年を取る、私一人で店を続けるには限界がある。ただ、夫がせっかく残してくれた店を、このまま、閉じてしまうのも忍びない、何か次のことを考えなければならないと思いました。夫は生前、自分が年を取って店を続けられなくなる前に、若い人で私たちと同じようなコンセプトを持つ店をやりたいと考えている人がいれば、格安で貸すとか譲るなどしたいと言っていました。いろいろなシナリオを考え、とりあえず、私の代わりにコミレスとしての店を運営できる若い人材を育ててみたいと思いました。

若い人材を育てたいと思ったものの、そう簡単には見つかりません。私は、余市を本拠地に活動している「（特活）北海道エコビレッジ推進プロジェクト」の代表理事で、懇意にしている坂本純科さんに私の考えていることを伝え、相談にのってもらいました。

　彼女に紹介してもらったのが、現在、「余市テラス」のメインスタッフとして仕事をしている星見綾子さんです。星見さんは北海道エコビレッジ推進プロジェクトの会員で、ボランティアで時々、余市に来ていました。札幌に住んでいたので、余市へ引っ越してもらいました。始めのうちは、これまで同様、私が中心となり、星見さんにはそれに慣れてもらうような形で店の運営を行いましたが、次第に星見さんが中心となるような動きに変えていきました。

　そうこうするうちに、父が病気入院し、父の世話やそれに続く看取りで店に出ることができなくなりました。事実上、星見さんと他のスタッフに店の運営を任せることになりました。彼女がいなければ、夫が亡くなった後、久しぶりに再開した店をまた休業しなければならなかったでしょう。

加工場の併設

　星見さんは製菓専門学校を卒業し、菓子店で働いた経験を持つ、いわゆるパテシエです。余市テラスのランチやお惣菜づくりに加え、プリンやケーキなどのお菓子づくりも行います。また、北海道エコビレッジ推進プロジェクトから依頼され、イベント用のお菓子や果物のピューレづくりなどの加工も行います。だんだん、現存のキッチンが手狭になってきました。今後、

どうしようかいろいろ考え、加工場をつくることに決めました。

　加工場づくりは私の最後の投資と考えました。余市は農産物、果樹が豊富なのに、これといったお菓子などの加工品がありません。以前から、余市の素材を活かした加工品をつくってみたいと思っていました。また、食育として子どもから大人まで楽しめる料理教室やお菓子づくり教室も、やってみたいと思っていました。ただ、これまでは夫や両親のケアで取り組めなかった経緯があります。私もだんだん年を取ってきて、今がラストチャンスと思い、思い切って加工場づくりに取り掛かりました。

今後の展望

　今年（2018年）、余市テラスは開店から10年を迎えました。振り返るとあっという間の10年間だったように思えます。思い返してみると、実に多くの人との出会い、会話、出来事が詰まった濃密な10年間だったと思い、感慨深いものがあります。

　また、私はコミレスの普及・啓発活動にも関わってきましたが、私がコミレスのコンセプトに出会った18年前には、食を核にしたコミュニティづくりを目指す活動は決して多くはありませんでした。しかし、この18年の間に北海道内にはコミレスのコンセプトに共感した様々なコミレスが誕生しました。また、コミレスという名称ではないけれど、コミュニティ・カフェ、地域食堂、子供食堂など、コミレス同様のコンセプトを持つ活動も次々に誕生しています。障害を持った人の就労支援施設としての飲食店も随分増えました。コミレスは、時代の要請に叶ったコンセプトだったのだとつくづく思います。

余市テラス　31

コミレスをめぐる社会情勢も 18 年前に比べ、大きく変化しています。少子高齢化、人口減少、経済格差など、コミレスが取り組むべき課題は増え続けています。これから先のことをしっかり予測することはできませんが、余市テラスの運営を通し、私と夫が紡いできたいろいろな人とのつながりやコミレスとしての店運営のノウハウ・精神を次の世代に伝えることができれば、うれしいなと思っています。

余市テラス
住所：〒046-0003　北海道余市郡余市町黒川町 10 丁目 3 − 27
電話：0135-48-6455
FAX：0135-48-6455
mail：yoichi-tera8@kkh.biglobe.ne.jp
HP：http://comiresu-hokkaido.net
営業日：土曜日・日曜日・月曜日
営業時間：11:00 〜 17:00
代表者：運営形態：伊藤規久子（個人経営）
食事の特徴と値段：地元の平飼い卵、旬の有機無農薬野菜などを使ったおまかせランチを提供。800 円。

伊藤規久子
北海道余市町生まれ。かつて、社会保険労務士、英会話講師、翻訳などの仕事を経験してきたが、コミュニティ・レストランのコンセプトに出会ってからは、これが天職だと思い、コミレス一筋できている。趣味は、歌うことで、現在、余市混成合唱団に所属している（パートはソプラノ）

釧路市 NPO法人
わたぼうしの家

笑顔
あふれる
月曜日

（くどうひろふみ）
工藤洋文

NPO法人成立

　高齢者の居場所としての地域づくりから誕生したコミレス地域食堂は、ボランティア主体の運営だから料金が安価。食と集い、笑いのある地域の交流の場です。

　NPO法人わたぼうしの家は釧路地区障害老人を支える会（たんぽぽの会）が母体となり、そこから生まれた法人です。目的とした事業内容は、認知症（当時は呆け、その後痴ほう）の人のための良質な介護。営利を追求する民間事業者では出来ない良質な介護をしたい。そのために自分たちで運営する認知症のグループホームを建設したい思いです。

　工藤の当時の本職は市役所の土木エンジニア。職場にある「まちづくり研究会」として、たんぽぽ会の託老事業の送迎運転手としてボランテイアが参加のきっかけとなりました。

　阪神淡路大震災がNPO法の施行をあと押しし、介護保険法が社会のうねりとなって市民活動が世間に登場しました。当時、NPO法人の設立数は介護保険系が6割だったのを記憶しています。

　1998年NPO研修・情報センターの研修を受けNPO法人の概念を学んだりして、これから社会の動きや背景を知りました。

　2000（平成12）年6月NPO法人わたぼうしの家設立準備会を設立し11月成立しました。同年7月には認知症のグループ建設のワークショップ（WS）を開催しました。

　福祉に関する関係者、研究者、建設業、公募市民、当事者の家族を巻き込み建設へ向けて動きだして、認知症を市民に理解してもらうために、隠さずにあえて市民公募し、公開での5

回のWSを経て50分の1の模型も作成しました。厚生労働省の2000万円の補助金（2002年）はＮＰＯ法人としては全国初でした。釧路市からも2200万円の補助金を得て建設を開始し、翌年に運営を始めました。

　それでも、230万円の建設資金が不足したので、自主映画を開催して資金不足を解消しました。グループホームの完成時には、釧路市民に1週間公開しました。熊本から高齢者人形を作成している人形作家を招聘して各部屋に高齢者の人形を配置し、臨場感を持たせました。庭の生垣は、目の前にある柏木小学校（現在は閉校）の4年生が植樹をしてくれたものです。偶然にも担任の教師の親が認知症だったことが理解を早めた気がしました。とにかく事業を公開して釧路初の事業を展開

し、認知症のデイ・サービス事業も始めました。介護保険事業の専門店へどんどん進化していきました。

しかし、ＮＰＯ法人を設立しても民間事業者と同じ事業をするだけでは、ＮＰＯ法人としての本懐ではないと思い、「地域づくり」事業を展開してＮＰＯらしさを何とかだしたいと模索していました。

地域づくり

平成 12 年夏頃から弥生・宮本・浦見地区の独居と思われる家を訪問して、地域の高齢者の話し相手をしました。訪問したら「久しぶりに若い人と話した」とかで 3 時間も話し込むスタッフもいました。話すのが嬉しくて、なかなか返してくれなかったそうです。

それなら、地域の高齢者に集まっていただき何か事業化したいとの発案がされ、法人の付近に住む独居高齢者に毎月 1 回の「地域食事会」を企画、米 1 合と 300 円持参して食事とゲームを楽しんだのです。お手本のない手探りの「地域づくり」でしたが、法人に集う地域の高齢者が日を追うごとに集まる人が増え、他愛のないおしゃべりが地域の高齢者を元気にしていく手ごたえを感じました。

その時に独居高齢者の食事内容を聞きながら、集まった同志がわいわいがやがやと会話しながら食事をする楽しさを体感したのです。

法人の事務所は、開業医が移転した 1 階（2 階は住居）を無償で借り受けました。火曜日から金曜日の週 4 回、認知症専門のデイ・サービス（釧路初）を開業していました。

36　　2　モデルコミレスを紹介します

平成15年秋に当法人に同居していた「たんぽぽの会」が引っ越しすることになり、月曜日が空白になったのです。このままなら月曜日もデイ・サービスになる雰囲気を感じていました。

　何とか新しい事業を展開できないかと思案し、認知症のカフェか地域の人が集う場所を事業化できないかと模索をしました。平成8年に世古一穂さんと見学したコミレスのでめてるも少しイメージしていました。

コミレス開設へ

　2003（平成15）年11月に北海道で初めてのコミレス講座が開催され、主催する余市町（当時は札幌市在住）の伊藤規久子さんと出会いました。道内で初めて志を同じくする人と出会い、力強さと安心感を持ったのです。

　この講座を契機に翌年4月のコミレスの開設へ動きました。自分がまだ本業に在職中なので、その事業で現場にいることはできないため、理事会や事務局会議で企画を説明しましたが、なかなか賛同が得られませんでした。

　地域の人材として料理が得意なSさんを知っていたので、早速口説きに行ったのです。開業医の夫人から地域でパンを焼く人材がいることを聞いていました。家族の不幸で傷心していた彼女は、数回にわたる説得の結果、なんとか了解してくれました。後から聞いた話ですが、引きこもり状態を自分でも脱出する方策を探っていたらしいです。

　コミレス運営専門の理事Tさんを配置して半年間だけコミレスを試行し、その時点で評価が得られなければ中止するこ

わたぼうしの家　37

とにしました。

事業実施にあたっては、デイ・サービス事業を実施しているため、ハード面の厨房や食器、テーブルや椅子もあったのでさいわい初期投資は不要でした。ソフトをどう企画するかが大切だったのです。

「地域食堂」は、地域からいただいた名前

スタッフとして期待していた地域の人に集まっていただき、コミレスの説明会を開催しました。

「地域の高齢者の場所としてのレストラン、食べることも大切ですが、集って話すことも大切です。みなさんが参加している「地域食事会」の延長として考えてください。

食事のメニューや食料の買い出し、味付けは有給のスタッフSさんがします。事業の責任者として理事のTさんを配置します。地域の皆さんは、材料の加工と食事の盛り付けと配膳、そして食器洗いをお願いしたい」

説明を聞いた人たちから、「過去に一度も労働したことがないため、自信がない」という意見や「注文とかの複雑なことが無理だと思う」等々。

質問については、「皆さんがいつも参加している地域食事会の様な雰囲気で十分です」「メニューは定食だけの一つ、ラーメンやそばの注文はありません」「毎週月曜日に開催しますが、皆さん4班に分けますので、月に1回のボランティアをしてください。他の週は仲間を誘って食べに来てください」

「開店時間は11時から13時までとし、皆さんには9時から14時までお願いします」

　説明を聞いてそれなら自分たちでできるとの力強い返事がありました。とても嬉しく安堵した記憶があります。
　そしてコミレスの名称を提案しました。カタカナでカッコ良い名前を希望したのですが、メンバーから仲間を誘いながら食べに来るなら漢字が良いということで、「地域食堂」に落ち着きました。
　最近「地域食堂・○○○○」との名称を聞くことが増えました。いつの間にか地域食堂が共通名詞になった雰囲気を感じます。これはＮＰＯ法人わたぼうしの家の固有名詞ですが、コミュニティ・レストランも日本語にすれば地域食堂であるからこだわる必要もないかと思います。

高齢者の生活実態

　高齢になると外出も億劫になりがちで、自宅だけにいると1日で会話する時間が3分未満となります。訪問者は、町内会、新聞配達、郵便配達、ヤクルト、宅配便等を除くとほとんどいなくなります。ＴＶと会話しても楽しくなく、この状態が長く続くと認知症やうつ状態にもなりやすい。自宅での食事内容も手抜きになります。これは高齢者に限ったことではないのですが、孤食になると粗食という意味での一汁一菜が多くなるのです。

　管理栄養士にも確認しましたが、単身者の食事は少品種多量摂取が多い。バランスが悪く、一度健康を害すると復活に時間がかかると思います。心身のためには多品種少量摂取でバランスの良い食事を心がけるのが健康の秘訣です。地域食堂でのメニューは白米のご飯をできるだけ避け、混ぜご飯を多くしています。五目ご飯には七目程の食材が混ざって入る時もあります。子ども連れの若い母親は、実家に帰ってきた時の母のメニューのようだと喜び、自分では作らないメニューに感激し、レシピを教えて欲しいとの意見もありました。

　以前に来客者にアンケートをしたことがありましが、カレーライスが好評でした。詳しく聞くと自分でつくると予想以上に量が多くなり、始末に困る時があるそうです。翌日のカレーの美味しいとの思いがあったが、高齢になると違うことが理解できました。

　また、自宅では食べることが少ないデザートも好評です。

　開店当初は300円/食でしたが、平成27年介護保険法改訂により、収入が減ったために400円/食と値上げしました。収

益を得る事業から地域食堂に補てんしていましたが、他事業に迷惑がかかるために独立採算としたのです。一時来店者数が減少しましたが、今は戻りました。介護保険が思わぬ形で影を落としました。

居場所づくり

　実際にあった話ですが、地域食堂のスタッフが入院したのです。見舞いにいった法人職員が、「地域食堂にいきたいから早く退院したい」と聞きました。

　嬉しい言葉でした。地域食堂に食べにくる人や、スタッフにも居場所となっているのがうかがえました。

　地域食堂は他のコミレスではいないコーディネーターを配置しています。一人で来客する人のつなぎ役として会話をしたり、他のお客さんを紹介して仲間になってもらいます。だから相席も頻繁に行います。椅子席20人、和室10人なら当然かもしれません。お客さんを直接名前で呼ぶことにしていますが、それは全員が心の距離を短くするためです。名前を呼ばれることは案外嬉しいものです。

　開店して10年たつと当初のスタッフも高齢化が増してきて、地域食堂でボランティアが継続できない状態になりました。通院が多くなる、足腰が弱くなる、賑やかすぎる等の理由が多いのです。

　法人が運営する「高齢者生き活きリビングほがら館」で毎週水曜日に地域の高齢者の居場所づくりとして「お楽しみ会」を開催しています。

　地域食堂は食堂に食べにくる人のためのボランティアです

わたぼうしの家　41

が、お楽しみ会は自分たちのための会。メンバーも限定していますし時間がゆっくりと流れます。

釧路発祥のふまねっとは毎月1回「ほがら館」で開催しています。近くに事務所があり、そこのスタッフも地域食堂に通ううちに親しくなり、いつの間にかボランティアをお願いしています。

全国一律の介護保険制度から外れた要支援1・2の人への新しいサービスとして、釧路市は「おたっしゃサービス」を開始しました。

私たちの法人が既に始めている「お楽しみ会」と類似しており、NPO法人として本懐です。地域の解題を先駆けて事業化し、それに行政が追随することは、私たちが評価されたと感じます。同様に地域食堂は「心の介護予防」と自負しています。介護保険事業者であるが、介護予防を実施しています。

報道で注目される

2004年4月開店のコミレス「地域食堂」は高齢者の交流場所となり、自分の居場所としての居心地の良い空間だったのでしょう。毎週盛況が続き地元新聞にもたびたび報道されました。全国紙にも紹介もされ、NHKの「ご近所の底力」で全国放映されました。タレントの柏木由紀子さんが訪てくれました。法人もこの取材に驚きましたが、むしろ食事に来ているお客さんの方が驚いたと思います。

なんでこんな食堂に取材に来るのだろうか？　と。しかし、何気ない食堂であるが実は種も仕掛けも満載なのであります。地域食事会を開催し、そのスタッフがお客になることや自分が

参加する地域食堂に仲間を連れてくること。運営がボランティア中心なため料理が安価（当初300円、現在400円）なことや自宅で食べるようなメニューではなく、行事食を中心としたメニューですし、相席をしていただき常連客がお友だちになることなどです。

食事を取り巻く環境

　2018年4月2日に地域食堂開設15周年のお祝いをしました。10周年のときと同じ紅白まんじゅうを100個用意し来客者に無料プレゼントしましたが、瞬く間になくなったのです。嬉しい限りです。新聞報道も依頼し、お客さんの新規開拓とボランティアも集まりました。

　開店当初、ボランティアの年齢は70代後半が多く、80代半ばの人もいました。今は平均は60代後半で、以前よりかなり若返りました。参考事例の研究にと、遠くは台湾や中南米から10人ほどの政府高官も来ました。新聞報道も多くなり遠方からの視察も相次いだのです。道内はもとより四国からも来ていただきました。

　お国事情は多少違えども、食を取り巻く環境は類似しており、良いサンプルになったようです。

北海道は先進地

　北海道のコミレスは研究会からネットワーク型に移り、今はコミレス・サポートセンターを目指して活動しており、前述した伊藤さんと工藤が二人三脚で動いています。コミレス講座では北海道内はもとより、愛媛・高知・福井・埼玉・岩手・

わたぼうしの家　43

東京等を訪問しており全国的な動きを感じています。また東日本大震災の1年後に、仙台のNPO法人コミュニティ・サポート・センターから依頼されて、石巻市の仮設住宅で講座を行いました。ボランティアの直接的な作業から間接的なノウハウ支援という段階にきていることを感じます。

　北海道はコミレスの先進地らしく、全国的にも店舗数が多いし形態も様々です。特徴的な店として、登別の「ゆめみーる」は町内会がNPO法人を取得する稀な存在です。高齢者だけでなく学童保育も手掛けています。寿都の「かぜのごはんや」は行政・地域・大学と連携で好評です。中頓別町の黄金湯は銭湯と食堂を併設しており、地域ならではの独特の展開をしています。鵡川町でも講師に呼ばれ、その後に「森カフェ・ホッピー」が開設されました。

　釧路市内では大川町の「カフェ・ループ」は当法人が開催した講座から誕生したコミレスです。米町の大成寺を中心に「おてら食堂」を開催していますが、神社仏閣は昔からコミュニティの中心でした。同じ小学校区なだけに期待したいです。その他にも、試行錯誤をしながら地域に現存する課題の解決に向けて努力している話を聞きます。

　2013年3月に「食を核にした地域再生の取り組み」として、コミレスの運営ガイドブックを作成しました。

　道内で約30のコミレスが運営され、展開も形も年々多様化しています。北海道にコミレスが上陸して15年たち、私たちの情報には入らないけれど、地域で開店しているレストランがコミレスの定義に合致している状態も見受けられました。たとえ連携はしなくても、地域社会で目指す課題解決は同じで、

使命を共有できるならば、仲間です。

　また、最近の報道でも「子ども食堂」の名前を聞く回数が増えました。貧困と未就学は大きな社会課題でありますが、今の子ども食堂と言われる事業にどれだけの課題解決力があるのか未知数です。外から見ていると、課題に正面から向き合っている事業体は少ないような気がします。このようなことも、次世代に引き継がなければならい課題と思うのです。

　あと5年間は地域食堂を継続したい気持です。事業としてのサンプルがあるうちに世代交代して、これからも崩壊した地域社会の再構築に微力ながらお手伝いしたいと思います。

コミニティ・レストラン「地域食堂」
住所：〒085-0834　北海道釧路市弥生1-1-33
電話：0154-41-6144（FAX同じ）
アドレス：qjgcd518@ybb.ne.jp ／ youbunkudo-@i.softbank.jp
ＨＰ：作成中
営業日：毎週月曜日 11時～13時
特徴：混ぜご飯が多い。400円／人
代表者：工藤洋文（090-1383-3887）
運営形態：ＮＰＯ法人の事業・ボランティア主体

工藤洋文
1953年生まれ。NPO法人わたぼうしの家代表理事（年間事業費：7,000万円）共著：『参加と共働のデザイン』（学芸出版社）
講演・講座・パネラー多数。趣味は登山・スキー・バンド・カヌー

NPO法人
がるだする

つながる 声をだす
行動する
地域の茶の間がる

たてざき
舘崎やよい

思い返せば

　コミレス「地域の茶の間がる」は2008年にスタートし、今年2018年で活動10年目に入りました。運営しているのは、環境とまちづくり活動を進める「NPO法人がるだする」（2000年発足）。「がる」は「つながる」のがる、「だ」は「声を出す」の「だ」、「する」は「行動する」のする。これらをつなげて「がるだする」とネーミングしました。

　代表・舘崎は、「暮らしの中から環境保護」をテーマに「苫小牧の自然を守る会」を1997年に立ち上げ苫小牧で市民活動をしています。がるだするは、「守る会」の理念を生かし、実践する場でもあります。

　この活動の原点を思い返すと、1970年代、舘崎が子供を授かった時に遡ります。子宮にポリープができ、流産・死産を繰り返す悲運に苦しみました。ホルモン治療による副作用で耳鳴り、めまいが続き、たどり着いたのが東洋医学による自然食療法でした。

　当時は市民活動など縁のない生活でしたが、このことがきっかけとなり、夫の転勤先の羽幌町で玄米・菜食、無添加・無農薬の食材の共同購入を地域の人たちと開始するとともに、玄米を炊いて試食会をしたり、講師を招いて講演会をしたりしました。私が30代前半の、40年も前のことです。

原子力発電所の事故と放射能

　忘れもしない1986年4月26日。チェルノブイリ原発事故が起き、遠く8000キロも離れた日本にも放射能が飛んでくる状況に途方にくれたことが人生を変えました。どれほど「安全、

　「安心な食材を」と願っても大地が放射能で汚れてしまっては、なすすべがありません。当時、日本の海沿いには34基の原子力発電所が立ち並び、核戦争がなくても、放射能の危機にいつ見舞われるか分からないということを実感しました。

　チェルノブイリの事故の後、地湧社（東京）が発行した原発の危険性を紹介する『湧増刊　まだ、まにあうのなら』（1987年）という小冊子と出会い、この冊子を多くの人に読んでほしいと売り歩きました。

　冊子の表紙裏には「何という悲しい時代を迎えたことでしょう。今まで、自分の子供に、家族に、ごく少量ずつでも、何年か何十年かのちに必ずその効果が表れてくるという毒を、毎日三度の食事に混ぜて食べさせている母親がいたでしょうか。そのような空しく、愚かしいことを、今の世の母親はほとんど知らずに、知ってもどうすることもできず、できるだけ毒の

少ないものを選んで食べるよりしょうがなく、おいしく楽しくしかるべき家族のための食卓の用意がとても重苦しく、罪の意識にさいなまれます」とありました。今に続く私の心境とまったく同じでした。

　それ以来、反原発運動はもちろんのこと、「苫小牧の自然を守る会」を立ち上げてからは、ごみ問題、食や衣服、お金、戦争、憲法にいたるまで食卓を脅かす諸々の課題をテーマに講演会、音楽会、朗読会、映画上映、田んぼ通い等々の活動をするようになり、マスコミで報道されない月はなかったほどです。「一生懸命動けば、どうにかなる」と思っていたんです。

「地域の茶の間がる」誕生

　さまざまな活動をする中で、表現の仕方は異なっても、どの活動にも根底には「食は命」という思いが常にありました。そうして「地域の茶の間がる」のスタートに至ったのです。

　「みんなで作る、みんなで食べる、みんなでかたづける」がモットーですが、それぞれの事情を加味し、食べるだけ参加の人もおります。毎回、参加人数は15人前後でほとんどがリピーターですが、子連れの若い人も増えましたし、最近定年退職したばかりの元校長先生で、政治談議がしたいという高尚な目的で仲間になった方もおります。

　「がる」は、持続可能な食環境をキーワードとしており、安全な無農薬玄米を主食とし、無添加本格調味料や地元の季節の野菜を中心に利用しています。主食にしている酵素玄米にもこだわりがあります。酵素は炊いた後3日目から働き始めるということで、ここで食べる玄米は、開催日の3日前には

がるだする　49

炊くようにして、70度で保存しています。

　調理は、できるだけ調味料を少なくして、素材の栄養価を保ちつつ、その味を生かす陰陽調和料理を心がけています。春は山菜採り、秋には山栗や花モモなどとスタッフは季節の頂き物の収穫に余念がありません。

　ごみや環境問題も意識し、廃棄物を極力少なくするために可能な限り野菜の皮を丸ごと使用します。また、煮炊きのエネルギーをできるだけ少なくしたいので、鉄鍋、博士鍋、圧力なべと調理器具にもこだわりがあります。

　店舗を持たず毎月一回、場所は地域の町内会館の調理室です。収入は、1回の参加費800円（1人分）で会場の使用料と食材費を賄っており、お米と調味料は自宅で使用している食材を持ち込みながら続けてきました。

　私という一人称で「がる」を紹介していますが、私の資格と言えば自然食フードコンサルタントという民間資格だけです。スタッフがそろっていたことが永く続けてこられた一番の理由です。メニューを考えてくれる人、食材を持ってきてくれる人、手作りの品の差し入れをしてくれる人、漬物上手な人など、率先して協力し、動いてくれるメンバーがそろっています。

　コミレスは、こうした仲間たちと、「食を核とした社会活動をする」という気概さえあれば誰でもできる運動だと考えています。

がるのメニュー等あれこれ

　ここで、2018年5月、6月のコミレスで配布したプリント内容を紹介することで「がる」の風景をお見せします。

50　　2　モデルコミレスを紹介します

2018年5月10日

メニュー決め・調理リーダー　舘崎やよい

1、長岡式酵素小豆玄米ご飯

2、温かいおそば（差し入れの乾麺とタレがたくさんありました。いつもと違い、頂き物の添加物のあるタレですが、今回はこれを利用することを了承ください）

3、アイヌねぎとシイタケの卵とじ

4、菊イモと新玉ねぎのポン酢あえ

5、ヨモギ入り白玉団子・きな粉と醤油ダレ

＊5月9日　美沢のイプッの森へ（舘崎の持ち山）

　アイヌねぎとヨモギをスタッフと摘みに行き、帰路は道の駅で地元野菜を購入。それを使った季節の味覚をいただきます。そんなわけで、舘崎は、火曜日玄米炊き1時間、水曜は、食材調達に2時間と3日前から準備しています。

　初めてのお客さまに加え、世古さん、伊藤さん、工藤さん、正村さんと道内外のコミレスリーダーが参加。

　＜一口メモ＞

菊イモ

　整腸作用、高血圧予防や改善、便秘予防や改善、糖尿病の予防。イヌリンの作用で善玉菌を増やしたり、有害物質を同時に排出する

　2018年6月14日

メニュー決め・調理リーダー　家倉真弓（舘崎と交互に担当）

1、新芽のてんぷら酢味噌和え（根元）

がるだする　51

2、きんぴら（茎のやわらかい部分）

3、蕗の煮物（身欠きにしん、コンニャク入り）

4、無農薬新茶（「種子法」の講師である世古一穂さんの差し入れ）

5、酵素玄米

6、山芋スープ

7、無農薬新茶の茶ガラの佃煮

8、白玉団子のきな粉和え（きな粉は　黒千石大豆。「みのり菜園」産＝舘崎の友人の運営ですが、販売先が決まっていますので、個人ではなかなか手に入らないものです。奇跡のリンゴでおなじみの木村さん指導のもと、肥料・農薬を使用しない『自然栽培』の畑で育ち、自然乾燥させたもの

です。脱穀・夏の選別などすべて手作業でおこなっています。パッケージは、点字新聞をリユース（再利用）したおしゃれなものです。「種子法」廃止で種と食・農の在り方を改めて考える消費者として、こうして、実践している農家と大切に繋がっていきたいですね）

お楽しみは食事の後にも

少人数ならではの食後のミーティング、情報交換も「がる」の特長で、参加者お楽しみの時間です。一人ひとりの近況報告に加え、政治問題を話し合ったり、時にはその道のプロを招きお話をしていただいたりすることもあります。シカ肉料理の時には鹿のハンターさんを招いてお話をしてもらいました。

苫小牧にはウトナイ湖ネイチャーセンターがありますから、そこの日本野鳥の会レンジャーに来ていただき苫小牧の宝、ウトナイ湿原の話に花を咲かせたこともありました。食だけではなく、こうした幅広い方のお話を聞いて学べるので、参加者にとっては一石何鳥にもなっているはずです。

こんな取り組みもしています。過日、舘崎が平塚らいてうに関する講演会に参加した時のこと、らいてうが食養家であり彼女が好んだごま汁粉を再現しました。仲間とかわるがわるごまを丁寧にすり、ごま汁粉をつくりました。料理というより実演です。一人ではとてもやれないことを10数人の仲間でするとプレーです。

また、「がる」での会話がきっかけとなり、苫小牧市が誘致しようとしているカジノを含む統合型リゾート（ＩＲ）の問題を取り上げて、ミニ学習会を開きました。みんなが主体的

がるだする　53

「食の安全」守る方策学ぶ
NPO法人がるだする 勉強会を開催

米、麦、大豆の種子の開発、生産、普及を都道府県に義務付ける主要農作物種子法が4月に廃止されたことを受け、苫小牧市のNPO法人がるだする(館崎やよい代表理事)は11日、苫小牧市文化交流センターで勉強会を開いた。約20人が参加し、食の安全を守る方策を学んだ。

講師を務めたNPO研修・情報センター(東京)の世古一穂代表理事(前金沢大学大学院教授)は、国内ではこれまで、農業試験場などの公的機関が質の高い種子を開発し、生産者に安く提供してきたことで、日本の食を支えてきたと説明。種子法の廃止という規制緩和で「種子ビジネスに熱心な巨大資本の外資系企業の参入が進む」とし、遺伝子組み換えで開発した種子に農薬や化学肥料をセットにして生産者に高額で販売する海外事例を示し、将来的に「食の価格高騰と安全が脅かされる」と懸念を示した。

都道府県が従来通りの予算を確保し種子の開発を続けるよう、条例で定めることが不可欠と強調。埼玉、新潟、兵庫の3県では4月から施行している現状を示し、「市民が声を上げ、北海道でも条例化を進めよう」と訴えた。

苫小牧市内のNPO法人がるだするコミュニティーレストランを苫小牧市内で主宰している館崎代表理事は、「安全な食糧が手に入らない社会にならないよう、市民レベルで運動を行いたい」と話した。

安心安全な素材を使い、参加者同士で調理と食事をする

約20人が参加し食の安全を学んだ勉強会

『苫小牧民報』2018年5月15日付

になって街について考えるよい機会となりました。

現在、市内では、食を核とした「子供食堂」などの活動がとても盛んになっています。「がる」を始めた当時は、市内はもちろん道内でもこうした活動はめずらしく、そうした動きの先駆けとなったことと共に、こうした活動の広がりをうれしく思っています。

コミレスを"深化"

少し話はそれるようですが、先日、長野に旅をして、お土産として野沢菜漬けを買いました。添加物を使用していないというのに引かれたのですが、「原産国ベトナム」にがっくり。パッケージに"青き嶺、しろい雲今日も眺めて高原菜"と書かれていたから、てっきり長野で生産されているとばかり思って

いたのですが…。あれもこれも、他国のものが多い日本、「野沢菜お前もか」と、自給率の低い日本が情けなくなりました。

　米は100％の自給ですが、毎日何らかの形で口にしている大豆にあっては、たった７％です。

　もう一つ話題があります。「ＮＰＯ法人がるだする」は昨年、日本で最初のフェアトレードタウンを実現した熊本の明石祥子さん（フェアトレード・シティ推進委員会代表）を招き講演会を開きました。その時に上映した映画「ザ・トゥルー・コスト～ファストファッション　真の代償」は、かなりのインパクトがありました。この映画を通して、日々のお買い物、お金の使い方によって社会を変えられるということを改めて考えさせられました。

　この映画に関して私のもとに、１通のメールが届き、驚きの喜びです。「【世界一"透明な"パンツ】一度はいたら忘れない。心地よいパンツができました！」

　この映画を高校生の時に観たという大学生２人が「One Nova」というブランドを立ち上げたそうです。「世界一透明なパンツ」とは、原材料の生産工程など消費者の手に渡るまでの過程が「透明性の高い」パンツのこと。「ものづくり」を通じて、自分が本当に「とっておきと思えるもの」を選ぶ暮らしのあり方を提案しようという試みです。映画が社会を動かすという嬉しい事例です。

　なぜこのような話を書いたかというと、コミレスには、さまざまな運営方針があると思いますが、「持続可能な社会を作りたい」というのが「ＮＰＯ法人がるだする」の活動の原点であり、それを伝え、実践していくのが「がる」の使命だと

がるだする　55

考えています。社会問題と切り離して、単に作って食べてという場としてコミレスを進めるのではなく、社会に果敢に挑戦し、自分の望む社会を作っていきたい。

種のはなし

コミレスを運営している立場から、見逃せない話題があります。それは、種子法の話です。

2月のある日、「苫小牧の自然を守る会」会報内のコーナーで農家の耕作人訪問を担当しているKさんから、「7482」と書かれた紙片が届きました。書き手は、元中学校美術教師。現在は、配布1万人を目指して「日本一周の種播き」人生の人。

紙片の一部を紹介すると、「これは、小麦と米の種です。誰でも食べることには関心を持ちますが、種には無関心です。でも種がなければどうなりますか。栽培も、食べることもできません。でも、種であれば何でもいいのでしょうか（中略）男性の精子数は以前は平均1億5千万個・ccあったのに、今では4千万個・cc に激減し、将来的には無精子症（2千万個以下）に達する可能性があります。原因は戦後の各国の核実験と原発事故での放射能物質の拡散、食品添加物、農薬、化学物質などの環境問題、遺伝子組み換え、そして、市販されているF1種といって一代限りの種の問題も無視できません。この、2種類の届けた種は固定種の特別な種です」

米、麦、大豆の安全安心な生産を国が保証していた「種子法」が2018年4月に廃止されました。「NPO法人がるだする」は、これを機に命の根源である食と農のあり方を考えてみたいと同年5月11日、「進化するコミレス〜種子法廃止でど

うなる～安全安心なコメや野菜をえるために」世古一穂講演
会を企画しました。この講演会には、「がる」に参加している
メンバーの多くが来てくれて、一緒に学びました。

　世古さんは30年も前から遺伝子組み換え食品の危険性を訴
えていました。その防波堤でもある種子法が廃止されたことで
懸念が増えましたが、講演を通して生物の多様性、種子の多様
性の大切なことを改めて学び直し、種子法に代わり都道府県に
条例を作るよう働きかけることの重要性、農協との連携が必
要であることも知りました。市販のＦ１の問題と固定種のこ
とをもっと真剣に考える農業を目指す人が増えるとよいと思
うし、そうした農家を応援し、家庭菜園でも種を取ることも考
えたい。…他にも色々感想が聞かれ、みのりのある学習になり、
今後の活動の指針になりました。

これからの課題と展望

　代表をしている私も70代後半となり、心配ごとといえば、
後継者が気になり、時々引退準備の話題をするのですが、中々
引き受け手はありません。

　活動を一緒に続けてきたスタッフもまた、私と同じく齢を
とりました。そして、一様にこういうのです。

　「舘崎さんの方が長生きしそう。遺伝子が長寿だもの……」
それもそのはず、私の父は101歳,母は95歳で共に高齢者共
同施設に２部屋を借りて生活しております。ボケもせずまだ自
活してますので、もしかするとそうかもしれませんが内心ぞっ
としてます。命は終わるものですが齢の順にいきたいです。そ
んなわけで、後継者問題は、私がもう少し弱って？ からとい

がるだする　57

うことで先延ばしせざるをえません。

　会計、事務局がしっかりすべての活動をサポートしてくれますし、願ってもないライフワーク実践の後期高齢者です。

　仲間は私が最高齢者で、30代の子育て中の人もおり、私の理念を引き継いでくれてます。近々、若い仲間が三光町の一戸建てに引っ越してきます。その理由の一つが、地域の茶の間があることだと、聞いてとても力づよく思ってます。私の運営しているコミレスは、「地域の大家族だと考えて、これからも家族のお母さんとして安全で安心な食と暮らしの実践をしていきたいと思っています。

地域の茶の間がる

住所：〒053-0042　北海道苫小牧市三光町4丁目5の6
電話・FAX：0144-34-2385
ホームページのアドレス：ipu.naja@topaz.plala.or.jp
営業日：毎月第二木曜日　9時〜14時
食事の特徴と値段：玄米菜食が基本　800円
代表者：舘崎やよい　運営形態：NPO法人がるだする

舘崎やよい
1941年苫小牧生まれ。結婚後は、夫の転勤で全道各地をまわり各地で安心安全な食の共同購入グループを組織してきた。現在は、苫小牧で環境（苫小牧の自然を守る会）、平和（ヒロシマ・ナガサキを語り継ぐ会）で活動しつつNPO法人がるだするにて毎月1回のコミレス「がる」運営中。

浅めし食堂

浅

高齢者と
若者3世代が
集う食堂

みくにあきこ
三国亜希子

みんなで楽しくバランスの良い食事を！

　青森市浅虫地区には一人暮らしの高齢者が多く、一日に一食でも栄養バランスの良い温かい食事を独りではなく顔なじみの人と会話をしながら食べてほしいという思いから、2003年10月浅めし食堂は経済産業省のモデル事業として地域の課題を解決するコミュニティビジネスとして生まれた。食堂を立ち上げたのが地域にある診療医、石木医院の石木基夫院長である。

　浅虫地区は人口1300人のうち65歳以上の方は半数以上。少子化になり若い夫婦は子どもが大きくなったら大きい学校で学ばせたいと浅虫から離れていく。そうして、一人暮らしの高齢者が増えていった。毎日、診療の際高齢者に食事について聞くと、菓子パン、カップラーメン、そうめんなど簡単なもので済ましてしまう。高齢になってくると一日2食しか食事をとらない。しかも、一人で食べている方が多かった。そこで、野菜たっぷりで栄養バランスも良くカロリー、塩分に気を付けた食事を提供できないか？　楽しく食事をする場所が地域にあると良いのではないかと思うようになった。

　そして、閉店したスナック跡地を改装し、冷蔵庫や食器などは地元の方から頂いた。地元のお母さん世代、子育て世代の方の雇用も生まれた。最初は週3日だけの営業だった。

　バランスの良い食事って何だろう。栄養バランスを考えた食事を提供しても完食をしないと栄養は偏る。いくら豪華な料理であっても一人で食べると美味しくは感じられない。素朴な食事でもおしゃべりをしながら食べると美味しい。心のバランスも生まれる。

　浅めし食堂では、4人用のテーブルもあるが6人掛けのテー

ブルが２つ並んでおり、初めてのお客さんが相席になる。一人で来られたお客さんも地元の高齢者とおしゃべりをしながらご飯を食べることができ、病院帰りに常連さん一人で来店しても知り合いのお客さん、働いているスタッフも地元の方を採用している為楽しく食事をすることができる。その後、2012年高齢者住宅１階へ移転し施設の方と一般の方が食べることができる食堂へと生まれ変わった。

思いは同じ

　浅めし食堂では16年前のオープン当時から一人暮らしの高齢者向けに宅配弁当を始めた。ある時、一人暮らしの高齢者にお弁当を届けようと呼び鈴を押したが出て来なかったのでいつもの場所に置いて帰った。次の日も出て来ない。身内に連絡をし確認をしてもらったら家の中で倒れていた。私たちは、安否確認も兼ねているのでは？　いつも一人で会話をする人がいない、そんな方へは話し相手にもなる。食事で困っているからとお弁当を届けていたが、お弁当一つで気づかされる事が多かった。

　地元企業の方への昼食も届けた。まだ、宅配弁当がない頃で、きちんと食事をしている一人暮らしの方ってどれ位いるんだろう、手作りで美味しいお弁当を届けたい。でも、スタッフ不足もあり市街地までの配達はできなかった。そこで、青森市内精神障害者生活支援ＮＰＯ団体に相談をしてみた。この団体はお弁当を作って提供したいがお弁当を作る場所がない。思いは同じだった。宅配弁当が始まった。

　「近くのデパ地下でお弁当を買って食べているが、冷凍食品

浅めし食堂　61

の揚げ物弁当などが主流で更に病気が悪化したというお客さんがいるんです。試しに食べてみたいと健康弁当をとるようになった。他には、足が不自由で買い物へはいけないのでお弁当を配達してくれて助かっていると喜んでいる方もいますと配達しながら嬉しくなるんです」と言われた。今では、週3日弁当の配達があり精神障害者の雇用もできるようになった。

買い物難民

　浅虫には唯一のスーパーがあった。昔は、とても賑わっていたが車社会になり住民は片道15分先のスーパーへ買い物へ行く。しかし、地域の高齢者はお惣菜や日用品を近くで買える場所が欲しいのに、遠くて行けない買い物難民だ。そこで、何が欲しいか聞いてみると、ご飯は炊けるが長い時間立った

まま調理ができないのでお惣菜が欲しい、日ごろ使う調味料、トイレットペーパーや洗剤などの日用品が欲しいということだった。最低限ではあるが日用品を置くようにした。当初、お惣菜は二人用で販売していたが一人用が欲しいという事から現在は一人用で販売している。

何よりもまず、美味しい事、安心、安全食材で

　安心食材は子どもさんと一緒に家族も共感いただけるものだと思う。

　基本となる調味料は化学調味料を使わない本物を使う。塩分をひかえていても、うま味がある料理で野菜たっぷりの日替わりランチを提供する。移転オープンしてからは、青森県が短命県返上で減塩に取り組んでいることもあり、だしソムリエの資格を取得した。安定したおいしさを提供するためには、調理スタッフが調理手順を理解し、レシピがないといけなかった。しかし、そのレシピは高齢者と一般のお客さんとで野菜の大きさや味を変えないといけない。施設の3度の食事、お弁当、ランチを展開する為には新しい調理法、仕組みが必要だった。そこで、調味料も少なくて済み、衛生面や作業がスムーズに行なえ、さらに展開料理ができる真空調理を取り入れた。

　最初は、野菜の大きさは？　この塩分で良いのか？　と、とまどっていたスタッフと一緒に真空調理のレシピを一つずつ理解しながら作業し、誰が作っても同じ料理に仕上がるようにした。

　入居者の方は、最初は味が薄くて完食できなかったが1年、2年と毎日食べることにより薄味にもなれたと言われる。少しでも味が濃いと「今日の味噌汁はしょっぱかった」と言われた

浅めし食堂　63

こともあるほど「美味しかった。全部食べたよ」と笑顔で言ってもらえるようになった。一番嬉しい言葉である。

運営しているNPO法人で遊休農地を活用し、低農薬で野菜も栽培している。農業大学を卒業した農場長が、ハウスの中できゅうり、なす、浅虫温泉水をかけたとまとを作っている。路地では、大根やかぼちゃ、豆類の他に今は地元でも1軒しか作っていないという在来種ざるいしかぶを栽培。農場で作った野菜は、施設の給食や浅めし食堂の食材として使用している。施設の入居者にも大豆を植えてもらったこともある。誰が作ってどのように作ったかを自分の目で見ているので安心して食べることができる。

高齢者の食事って

煮干しや昆布でとったダシで味噌汁を作りランチメニューは家庭料理を。お店に来るお客さんは一人暮らし、高齢のご夫婦が多いため手間のかかる料理は家ではあまり作らないという。カレーライス、ほっけのつみれ汁、肉じゃが等大きい鍋で作る美味しい料理を食べたい。

夕食は自分で魚を焼いて食べるので肉を食べたいと、浅めし食堂でランチを食べるのが楽しみなんだと言ってくれる。しかし、味が薄い、味がないと言われ地元の方の来店は少なかった。濃い味、化学調味料に慣れている高齢者には認めてもらえない。そこで塩分計を用意し塩分が控えめではなく、これが丁度いい塩分ですよとお客様のところまで塩分計を持っていき見せたこともある。少しずつ地元の住民の理解もありお店に足を運んでくれるようになった。移転オープンしてから

も、給食や食堂のランチは自分が調理して野菜の硬さや味が丁度いい物を提供していた。しかし、残食が多い。

　何故だろう？　原因は、野菜の硬さと薄味だった。これくらいで大丈夫だろうと思っている硬さでも高齢者には硬いということ。今まで、来店していたお客さんには硬いと言われたことはない、外食とはこういう物だと思っていたのかもしれない。でも、施設の入居者さんは、毎日３食浅めし食堂で作った食事を食べないといけない。どのくらいが食べられる硬さなのか、いろいろな硬さで食べ比べをしてみたりした。同じ野菜でも作っている地域や時期により硬さがそれぞれ違うこともあり、その都度食べての確認しかないことがわかった。食べ慣れたものは食べやすい、柔らかい物も食べやすいということと、入居者と会話もできなかった頃は自分の感覚でしか提供することができなかった。これくらいで良いだろう、と。硬い野菜も我慢して食べていたのではないかと思う時もある。でも、今は「今日の硬さは？　味は？」とコミュニケーションを取りながら作れるようになった。

　時期になると、そろそろ山菜が出る頃だねと旬の食べ物も提供している。給食を作り始めた時は、高齢者は魚や田舎料理という思いこみがあったが、肉やオムライスやハンバーグなど、私たちが家で普通に食べている物が食べたいと言われる。パンはいつ献立に？　とのリクエストもいただく。

スタッフ不足

　６年前移転リニューアルした時には、８人の入居者に浅めし食堂のスタッフ４人でオープンした。移転前は、日曜、祝日休

浅めし食堂 えがおの法則

高齢者こそ おいしく

農園で野菜作りに取り組む

みでランチだけの営業だったが、移転してからは施設の給食があるのでお店は無休。早番1人、遅番1人、お客さんの来る時間は3人でお店を回した。仕込みの毎日に追われ、お客さんと話もできないほどだった。お客さんは、地元のスタッフとの会話を楽しみにしている。それも、コミレスの良さだ。分かっていてもお客さんと会話している余裕がぜんぜんなく、来なくなったお客さんもいた。施設での調理経験者はおらず、調理器具の配置、献立作り、食堂と給食の両立が難しく手探りで行い、慣れた頃には1年が過ぎていた。お客さんも増え、さらにスタッフを募集した。スタッフが7名になる。

よし、これからという時に若いスタッフが介護の勉強をしたいので辞めたいと言う。1人でも欠けると大変だが未来のあるスタッフ、応援することにした。それから2カ月が過ぎたころ、調理スタッフが病気になり退社、3カ月後には事務局長が急死、

66　　2　モデルコミレスを紹介します

不幸続きだった。でも、施設の給食は止められない。ご飯を待っている方が大勢いるので休んではいられなかった。自分の仕事、献立作り、お客さんのメニュー、勤務表、仕込み、発注、浅めし食堂の経理それに事務局長の仕事が増えた。当時は、とにかく最優先の仕事をこなす事で精一杯だった。

続けていく大変さ

　2年が過ぎた辺り、朝から首が痛いと思っていたら痛くて動かせなくなった。今までにない痛みで病院へ行くと肩、首の筋肉が固まってしまっていた。朝早くから仕込み、帰ってからは夜遅くまでパソコンでの作業が影響したのだろう。それから1カ月後、肩があがらなくなりとうとう家族で話し合うことに。

　無理して働いて何かあったらどうしようもない、浅めし食堂で私の代わりはいても家で私の代わりはいないと言われ、辞めることを決断した。16年働いた職場、嫌いで辞める訳ではない。好きな仕事なのにと迷いは残っていた。理事長からは辞められると困ると言われ、家族を説得した。

　それから、何人ものスタッフが入ってくる。しかし、何カ月もしないうちに辞めてしまう。原因は、忙しすぎるし、覚えることが多すぎるということだった。忙しすぎて？　と不思議に思ったことがある。確かに、やること、覚えることは多い。でも、それを大変と思うかやりがいと思うかは人によって違う。私は、スタッフの面接の時に必ず言うことがある。「なかなかハードな職場です。でも、それを大変だと思うかやりがいだと思うかは自分次第です」と。

　小さな子どもがいるスタッフが働きやすい環境を作ってあ

浅めし食堂　67

げたい。長い時間で働いてみて無理そうならできる範囲の時間で働きやすいようにできたらと勤務を考える。高齢になっても働けるようにその人にあった仕事をしてもらいたい。調理補助で入っても、包丁が全然使えない人、ホールの接客で入ったが接客が苦手、いろいろなスタッフがいる。入ってからスタッフの得意なことを探すことで効率よく働けるようになる。この人は何が得意なんだろうと観察していると見えてくる。得意な分野で仕事をすることにより仕事が楽しくなるのではと思う。こうしたほうがいいとアイデアを出すスタッフもいる。まずは、やってもらうことにし、それで作業がしやすければそのアイデアを採用。今いるスタッフは大変ながら楽しそうに仕事をしている。

でも、今もスタッフ不足は変わらない。働く人、働ける人がいないのだ。浅虫は旅館などがあるので雇用は沢山ある。でも働ける人は70代80代が一番多い。若い人は高校を卒業したらほとんどの人が県外で進学、就職をする。地元にいる青年と呼ばれる人たちは市街地へ働きに出ていて浅虫にはいない。今、世の中が人出不足で働ける人がいなくなっているのも現状だ。少しでも、長く働ける職場を作りたいと思う。

将来住みたい居場所を

地元の方ってどれ位浅虫に住んでいるのだろう？　と疑問に思いアンケートをとってみた。何年住んでいますかという問いに30年以上住んでいる人が半数以上。浅虫に住み続けたいですか？　という問いには最期まで地元に住み続けたいがほとんどだった。浅虫に30年以上住んでいると何十年も住んで

いる町で最期を迎えたいということだ。20年前、私が嫁いで
きたときは小中学校もあり、子どもたちも外で遊んでいる光
景があったが、6年前に学校が廃校となり子どもの姿はほとん
どみなくなった。外を歩く人がいなくなった。地域の病院で
は送り迎えの車で通院をしている。

　これからは高齢者、高齢者を支える世代、若い世代3世代が
交流できる食堂になればと思う。入居者の家族は食堂でランチ
を一緒に食べることができる。安全な食材だから、小さな子
どもさんと一緒に来店しても、良かった、美味しかったと言っ
てもらえる。30代、40代の女性に湯のみ一つでも可愛い、ラ
ンチの食器やインテリアが素敵と思ってもらえることを意識
している。お客さんに使用する食器は良いものを使うことに
より、料理だけでなく食器の楽しみ、スタッフも良いものを
取り扱っているということで大事に扱ってもらいたいと思っ
ている。高齢者の女性でも、可愛いとときめきを感じること
で元気になるのではないのか？

　リニューアル当初、革靴に履き替えてご飯を食べに来る入
居者がいた。外食を食べに行くという気持ちで食堂に来てい
たそうだ。着物を着てご飯を食べに来る方もいる。そういう
気持ちが元気につながるのだろう。高齢になると新聞を読ま
ない方が増えているが入居している方々の中には新聞を取っ
て毎日読んだり記事を切り取って貼っている人もいる。自分
が社会に関わって生きたいのだと思う。

　りんごの皮むき大会を開催したことがある。毎年、りんごを
大量に仕入れる。皮をむくのが結構大変な作業だ。スタッフだ
けでは間に合わない時があった。その時に、入居者にお手伝い

浅めし食堂　69

浅めし食堂 えがおの法則 ◆2◆

軟らか、だしで風味も

「おいしくない」。2013年3月、浅めし食堂がリニューアルし、高齢者施設の入居者さんに食事を提供して間もなくのこと。ある入居者さんに言われた。皿を見ると、ゴボウとニンジンのきんぴらが残されていました。こだわり、安心安全な食材にこだわり、調味料も厳選。それなのに…。「なぜ?」

それからしばらくの間、食事を終えた入居者さんたちの様子を観察しました。すると、ある日はタケノコの酢豚にしました。残した理由を入居者さんたちに聞くと、意外な答えが返ってきました。「嫌いじゃない。でも硬くて食べられない」。シャキシャキ、サクサクとした食感が大事だと思い込んで調理していました。でも加齢とともに噛む力や飲み込む力が弱くなっている入居者さんにとっては苦痛でしかなかった。

浅めし食堂が大切にしている事の一つに〈食べた人が笑顔になる〉があります。きんぴらは浅めし食堂がオープンして以来、定番のおかず。食べやすいのだしで軟らかくなるまで煮てから調理しました。

ところが「ゴンボの味しねぇ」と入居者さんの箸は進みません。ゆでたことでゴボウのうま味を逃していたのです。そこで用いたのは『たっぷんの水でゆでる、だしで煮る』という欲求が健康に直結します誰のためのおいしいか」と、入居者さんの笑顔を成立させてくれています。

（浅めし食堂長三国亜希子、聞き手・加藤桃子）

※第1、第3週に掲載する予定です。

きんぴら

だしで煮込むことでゴボウの風味を保ちつつ軟らかく仕上がったきんぴら

ゴボウ1本、ニンジン½本、だし800㏄、みりん・しょう油16㏄、砂糖各8㌘ ▷作り方 ゴボウをだしで15～20分煮る。（だしが少なくなったらその都度足す）軟らかくなったら、あらかじめゆでておいたニンジンと調味料を入れ、水分がなくなるまで煮つめて完成。

「食べてもらえるかな」。半信半疑で入居者さんの待つテーブルへ。食事を終えた入居者さんが台所にいるスタッフに向かっておいしかったよ、ごちそうさま」。あの笑顔は忘れられません。以降、ゴボウ以外のレンコンやタケノコなどの根菜類はあらかじめだしで煮て軟らかくしてから調理しています。

高齢者の場合、食べた満足感を残しつつ、繊維を断つことでした。ゴボウを厚さ5～8㍉に斜め切りしてから、熱湯で軟らかくなるまでゆでてから調理しました。

調理の工夫として考えたのは、かみ切りやすい大きさにすること、食感を残しつつ、繊維を断つことでした。ゴボウを厚さ5～8㍉に斜め切りしてから、細切りにすることで繊維を断ち切ることができる

ゴボウを斜め切りにしてから細切りにすることで繊維を断ち切ることができる

東奥日報社

してもらおうと開催した。最初は、皮むきはできないよと言っていた方も参加していた。「いつでもむくよ、声をかけてくれれば」と言ってくれた。他の入居者は「パセリ作ったから使って」と自分の畑から採ってきてくれる。自分が、必要とされているという喜びがここにはある。

浅虫温泉の新たな観光拠点として

観光地としての浅虫温泉は寂しくなる一方、浅虫にも素敵な所があるんですねと思ってもらえる場所になりたい。どの

年代の方が来店しても展開料理でアレルゲンにも対応できる。食材を一つずつ真空で調理することにより、アレルギーで食べることのできない食材を取り除いて提供できる。

どんなお客さんにもできる範囲で対応し、美味しいと食べてもらえる食堂。わざわざ足を運んでもらえる食堂。それには浅めし食堂ならではのインパクトのあるメニューが必要だが、まだそのメニューはない。

地元食材の食事を求めているお客様へおいしい料理を提供し、収益で安価で質の良い食事を提供できる仕組みを作りたい。食や健康に関する教室やイベントを行い、にぎやかな声を聞けるような場所を作っていきたいと思う。

浅めし食堂
住所：〒 039-3501　青森県青森市浅虫字蛍谷 65-34
電話：017-752-3322　　Fax：03-4330-1902
mail：info@asameshi-syokudou.com
HP：http://asameshi-syokudou.com/
定休日：毎週水曜日、お盆、年末年始
営業時間：11：00 ～ 16：00（LO15：00）
代表者：運営形態　特定非営利活動法人　活き粋あさむし
　　　　　理事長　石木　基夫
ランチ：自社農園で栽培した野菜や浅虫温泉水を使いランチを提供
　　　　　浅虫温泉カレー　800 円
運営形態：NPO 法人の事業・ボランティア主体

三国亜希子
1971 年青森市生まれ。浅虫で結婚し子ども 3 人。2003 年 10 月から（特）活き粋あさむし浅めし食堂に入社、調理、お菓子作りが好きで、調理師、フードコーディネーター、だしソムリエ等の資格取得

ここほっと

ここに来れば、
ほっとできる、
ここほっと

浅見　要
（あさみ　かなめ）

ここほっと移転の経過

　コミュニティレストラン「ここほっと」のある鶴ヶ島市は埼玉県のほぼ中央、「小江戸」と言われる川越市の北西にあります。人口約7万人、面積約17.7kㅡ、都心から45km圏内にあり、東武東上線が市の北東部を、東武越生線が市の北西部を走り、また関越自動車道が南北に、首都圏中央自動車道が東西に走る交通の要衝となっています。

　戦前は純農村として栄えてきましたが、戦後の工場誘致や高度経済成長に伴い人口が急増し、いわゆる東京のベッドタウンとして発展し、1991（平成3）年に市制を施行、現在に至っています。

　新しい「ここほっと」は、東武東上線若葉駅西口を降りて徒歩10分の住宅街の一角「つるがしま中央交流センターくれよん」の中にあります。「くれよん」は今年3月に竣工したばかりの地上1階鉄骨造り建坪100坪の建物で、市内のほぼ中央部にある共栄連合自治会（共栄中央第一自治会、共栄中央第二自治会、共栄東自治会、共栄西第一自治会、共栄西第二自治会）が所有する建物です。市民センターに代わる公共施設として、共栄連合自治会事務所、つるがしま中央地域支え合い協議会事務所、地域包括支援センター「いちばんぼし」そして「ここほっと」4施設が併設される多機能型市民交流施設です。NPO法人「カローレ」が運営する「ここほっと」は、20.47㎡のコミュニティキッチンと32.57㎡の交流サロンを合わせた広さ53.04㎡を専有スペースとして、毎週月曜日から金曜日、ランチを中心に午前11時から午後2時まで、スタッフ3人で営業しています。

　当初、「ここほっと」は、市内の東部五味ヶ谷地区に平成21年7月にオープンしました。営業開始9年目に入り、10年目に向けて、今後の事業展開について検討する中、借りている建物の賃貸借契約も更新時期を間近に控え、契約を更新してここで営業を続けるべきか、店舗を移転し、新規一転して営業を継続すべきか、事業の中止も含めて議論を始めました。なかなか結論が見えない状況の中、物件を探していた折、市役所から「くれよんでコミレスができないだろうか？」との話が舞い込んできました。これまで9年間単独施設で営業してきたため、自治会や地域支え合い協議会などの事務所が併設される多機能型交流施設でコミレスをどのように営業していくのかなど、新しい選択肢の一つとして、検討や議論が始まりました。「現

状の場所で営業を続けるほうがいいのではないか」また「地域とのつながりを考えると店舗を移転しても、現在営業している五味ヶ谷地区に近い場所で探したほうがいいのでは」「新規一転まったく違う環境でコミレスをやってみるほうが、新しい展開が見つかるのではないか」等いろいろな意見が出ました。しかし意外にも「コミレス事業を中止する」との意見が出なかったのは、「ここほっと」がカローレの事業の一つとして定着しており、また地域の中でも一定の評価を得ていることが理由だと思います。検討の結果、最終的には、理事会において賃借料等の運営費用の削減と自治会や支え合い協議会との連携のメリットを考慮して、「くれよん」への移転を決定しました。その後は、市役所や自治会等との調整を急ピッチで行いながら、引越やオープニングセレモニーの準備など多忙な日々が始まりました。

　今年4月22日（日）のオープニングセレモニーは、市長や地元市議会議員を始め、地元の皆様を招いて、盛大に行われました。セレモニーに先立ち「ここほっと」で、プレオープン営業を始めた時には、移転しても来店してくれるリピーターのお客様が多く、スタッフを安心させました。また自治会や地域支え合い協議会の事務所が併設されている関係で、協働して行う地域交流イベント開催の相談や打合せが、お隣さん感覚で簡単にでき、利便性が高いと感じられました。時には、「ここほっと」を利用するお客さんを他の併設施設につないだり、また逆の場合もあります。「くれよん」は子育て支援、防災・防犯そして世代間交流等地域連携の拠点施設として期待されている建物であり、「ここほっと」は食を通して、地域の

交流のためにしっかり役に立ちたいと思っています。

「ここほっと」の誕生の経過

　「ここほっと」が誕生した経過を説明します。「特定非営利活動法人鶴ヶ島市学童保育の会」が運営する「ここほっと」は、2009年7月東武東上線鶴ヶ島駅東口から、徒歩約20分、緑を多く残した五味ヶ谷地区の市街地の中でオープンしました。

　「ここほっと」の名前は、「ここに来れば、誰でもほっとできる場所にしたい」とのスタッフの思いから名付けられました。営業時間は、週4日火、水、金、土の午前11時から午後4時半、ランチタイムは午前11時半から午後3時まで、スタッフは4人。近隣にある東市民センター（旧東公民館）の利用者や市民活動団体が多く利用していました。

手作りおやつからここほっとのオープンへ

　学童保育室（現在は放課後児童クラブという）は、保護者が共働き等の理由で放課後留守になる家庭の小学児童を預かる子育て支援施設です。学童保育室は、「生活の場」であり「第二の家庭」と言われ、児童たちが、様々な経験を通して、安全で豊かな放課後を過ごすため、日々学童保育指導員（現在は放課後児童支援員という）は様々な工夫をしながら、保育を行っています。特に「手作りおやつ」についてのこだわりがあり、今までの保育経験からインスタント食品や、ジャンクフードだけでは、心身ともに健康な子どもは育たないことを、指導員たちは実感していました。

　当時「学童保育の会」では、登室する児童数が非常に増え、保育室の狭い台所では、「手作りのおやつ」の作業負担が大変大きくなり、保育に影響が出てきていました。そこで学童保育室全体でおやつ作りを集中化しようということになり、レストランとして使われていた建物を借りて、すべての学童保育室のおやつを集中して作る準備を始めました。

　元々がレストランとして利用されていたので、フロアスペースが広く、席数も 40 席確保できたので、このスペースを利用しないのではもったいないとの意見が多く出ました。フロアの活用方法が検討されている中、一人の理事から地域貢献事業として「コミュニティレストラン」をやるのはどうかとの提案がなされました。

　そこで「学童保育の会」では、学童保育以外にも積極的に子育て支援を中心とした地域福祉事業を行うため、その第一歩としてコミレスを「食を通じたコミュニティづくり事業」に

ここほっと　77

位置づけ、地域貢献を進めていこうと考えました。

　当時は全国に約４万のＮＰＯ法人があるといわれており、それは全国に４万の様々な取組みを行なっている壮大な実験場があるということです。私たちはそれらの取組みから、様々な事例を学ぶことができるし、また私たちの取組みが地域活性化の成功事例として、他の地域の学童保育やＮＰＯの参考となり、私たち自身が相互扶助だけの団体ではない、地域貢献、社会貢献を目的とした事業ができる団体にシフトしたいと考え、コミュニティレストラン「ここほっと」をオープンすることになりました。

　そしておやつ作りの集中化事業と同時に「コミュニティレストラン」実現に向けて、（特非）ＮＰＯ研修・情報センターの「コミレス講座」等を受講するなど、コミュニティレストランオープンに向けて準備が始まりました。

コミレス自立化の努力

　「鶴ヶ島市学童保育の会」が、コミレス事業を始めた経過は前述のとおりですが、解決すべき優先課題は、補助金や助成金に頼らず売上げだけで、どうやって経営の自立を図っていくかということでした。開店から３年間は「埼玉県ふるさと雇用再生基金市町村補助事業」の補助金を申請し、鶴ヶ島市と委託契約を結んで人件費を賄っていました。しかし平成23年度でこの補助金は、打ち切られるため、それまでに自立の道を実現しなければなりませんでした。平成21年７月の開店から１年が経過して、月次の売上げと人件費がほぼ同じくらいでした。材料費や水光熱費等その他の支出については、補助金が

なくなれば、赤字になります。「ランチがどれだけ出るかが勝負だけど、利用者の皆さんにはゆっくり、食事をしてもらいたいし…」がスタッフの悩みです。昼食付のイベントを行なったり、営業時間以外の時間をサークルや団体等に貸し切りで懇親会に利用してもらう等、スタッフが本来の目的を見失わないように、売上げを伸ばし、黒字に持ち込めるような工夫を重ねていきました。

開店から移転までの様々な事業

2010（平成22）年度には、富士見地区の支え合い活動である「わかば助け合い隊」が発行している地域通貨「ありがとう券」の協力店として加盟し、売り上げアップを試みました。また子育て中の家族が安心して外出できる環境づくりを進める埼玉県が支援する「赤ちゃんの駅」にも登録をしました。補助金を利用して、「おむつの交換台」と「授乳スペース用衝立」を購入して、子育て中のお母さんたちが利用しやすいように環境を整備しました。

翌年2月には「ここほっと」の今までの活動が認められ、埼玉県西部地区地域振興センターの推薦を受け、埼玉県知事の「とことん訪問」の視察先に選ばれ、ここほっとを訪れた上田清司知事と意見交換を行い、「コミレスを運営している子育て支援NPO法人」として高い評価を受けました。

またこの年、県内の「コミレス」「コミカフェ」を運営している方々に呼びかけて、「コミレスネットワーク埼玉」を立ち上げました。「コミレス」が地域に根ざし、継続して運営していくために必要な情報交換やコミレスの立ち上げ支援を目的

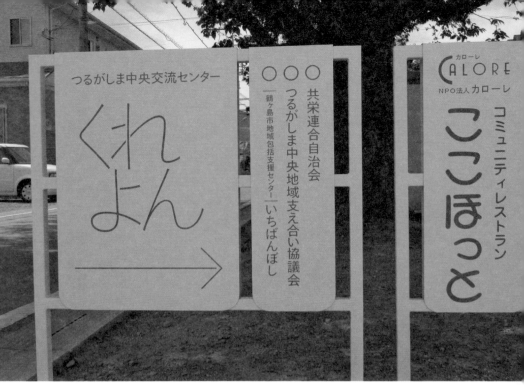

「コミレス全国フォーラム in 埼玉」開催

に活動をしていくことになりました。

　同じ年の12月にはコミレス全国ネットーワークと連携して、「地域づくり、被災と復興におけるコミレスの役割」をテーマに「コミレス全国フォーラム in 埼玉」を開催しました。このフォーラムでは、その年の3月11日に発生した「東日本大震災」の復興支援を通して、人と人のつながりの大切さと「地域の縁側」「地域の情報交換の場」であるコミレスの活動の重要性を深く実感しました。

　「ここほっと」に併設されているおやつ作り集中化事業である「おやつセンター食育工房」を「食育の発信基地」として位置づけ、食育に関する事業を積極的に行うことになりました。この年「ミニFM局ほっとバナナ放送（87.7MHｚ）」を開局

し、コミレスのスタッフや保護者 OB の協力のもと、定期的に編集会議を行い、録音放送を「ここほっと」のフロア内で流し、ランチタイムに来店されたお客様が聞いて、「地域の情報交換の場」として、「ここほっと」の存在を感じてもらえる事業となりました。

　料理好きの地域の主婦が、日曜日に「主婦シェフ」として営業を始めた（2012 年）のが「ホリデイここほっと」です。料理自慢の主婦だけにそれぞれが特色のある手作り料理をお客様に提供して、評判も上々でした。しかし雇用契約のない「主婦シェフ」が店舗を使って営業することは賃貸借契約上の又貸しであることが分かり、「ホリデイここほっと」を中止せざるを得なくなりました。

「ホリデイここほっと」を再スタート

　そこで 2 年後の 10 月に県の助成金「地域の女性の働く場づくり事業」を活用し、地域の料理好きな女性を「ここほっと」で雇用することによって、「ホリデイここほっと」を再スタートすることにしました。この事業は、「ここほっと」を実地研修の場とし、地域の主婦を対象に、コミレスの運営に必要な調理実習やフロア実務実習等を行い、講座修了者をカローレが雇用し、地域経済の活性化と地域のつながり作りを図るというものでした。

　この事業は孤立しがちな高齢者の見守りや安否確認も行います。鶴ヶ島市の第 5 次総合計画において進められているリーディングプロジェクト「共に支え合う仕組みづくり」の取組に基づいて組織された「地域支え合い協議会」とともに、「こ

ここほっと　81

こほっと」で高齢者の弁当配食や食事提供に取り組み、」地域福祉の推進につなげていくことも目的としました。

法人の名称変更と事業の多様化

2014年5月第13回定期総会において、法人の名称変更を行い、「ＮＰＯ法人カローレ」となりました。カローレとは、イタリア語で"ぬくもり"という意味です。地域福祉を積極的に推進し、温かく思いやりのある地域社会の確立を図るための事業を行うことを内外に宣言し、新たな子育て支援事業へのチャレンジが始まりました。

その翌年7月からは、生活困窮者自立支援法に基づく中高生対象の「学習支援事業」を市から受託しました。カローレは学習だけでなく「子どもたちの居場所」としてこの事業を位置付け、「ここほっと」で作った軽食をこどもたちに提供し、食育と孤食防止の推進に努めました。休憩に軽食を取りながら、子どもたちと支援員の学生たちが若者トークを繰り広げるのは見ていて、心が和む時間となっています。

2016年度には、「子どもの貧困の連鎖の防止」を目的として鶴ヶ島市との協働事業「子ども食堂じゃがいも」をオープンしました。市内2カ所の市民センターで、それぞれ隔週の金曜日の夕方に子どもとその家族を対象に行われ、学習支援事業と合わせて、ここほっとで作った食事を子どもたちに提供しています。今年度からは子ども食堂と学習支援事業を合わせた「学習サロン併設型子ども食堂」が始まっています。

様々な事業をつないで

　このように「ここほっと」は、手作りおやつがきっかけとなって、オープンすることとなり、9年目を迎える現在、カローレが地域コミュニティを基盤として子育て支援事業を中心に総合的な福祉サービスを提供する事業型ＮＰＯ法人としての様々な事業をつなぐ、先導的な役割を担ってきました。

　そして今年「くれよん」に移転することによって、その事業内容はますます充実し、地域の居場所としてなくてはならないコミレスになっています。

　コミレスの5つの機能（人材養成機能、生活支援機能、自立生活支援機能、コミュニティセンター機能、循環型のまちづくり機能）の実現を目指して、これからも挑戦していきます。

ここほっと

住所：〒350-2206　埼玉県鶴ヶ島市藤金871-3
　　　つるがしま中央交流センターくれよん建物内
電話：０４９-２８７-１７９２
営業時間：毎週月曜日から金曜日
　　　　　11：00～16：30　ランチタイム　11：30～14：30
　　　　　東武東上線若葉駅西口徒歩10分。
詳しくは、NPO法人カローレホームページ参照。

浅見 要
NPO法人カローレ副理事長・事務局長。長男が学童保育入室とともに学童保育の役員として関わり、NPO法人化を進め、初代理事長に就任、3年間務める。鶴ヶ島市役所退職後カローレの専従職員となり、事業型NPO法人として小規模保育事業、学習支援事業、子ども食堂など幅広く子育て支援事業に取り組んでいる。

てまえみそ

こだわり・うんちく・
てまえみそで、
人もまちも自分も
元気に！

富田久恵

地域（自治会・地区社協等）とのつながり

　もう 15 年以上も前になります。家人の両親も高齢化したこともあり、実家の近くに住む為に、現在の場所に家を建てることになりました。1 階に自分の夢を実現する場が欲しい、という私の希望で「てまえみそ構想」がスタートしました。

　多少は、両親を通じての地域とのつながりはあったものの、自分にとっては全くの未知の社会への新参者で、何も分からない不安でいっぱいでした。そういう意味でも、地域の皆さんに気軽に来ていただける場所になれば自分自身も孤立しないでいられるだろうという願いもありました。開店直後の物珍しさが落ち着き、利用者の顔ぶれが安定する頃になって、やっと地域の様子も、人間関係も少しずつ見えてきて、自分も地域コミュニティの一員として受け入れられてきたと感じられるようになりました。

　残念ながら、その間には両親共に見送り、名実共に自分たちが地域の一員として地域を担っていく立場になっていました。折しも、ここ数年、県や市からも「地域の居場所づくり」を推進する動きに後押しされ、てまえみその活動や必要性が自治会や地区社協からも認知され、広報に紹介されたり、様々な協力をいただけるようになりました。たんぽぽの胞子のように飛んで来た自分も、やっとこの地に根を下ろせたかな、と思えるまでに、気がつけば、ほぼ 10 年が経っていました。

理想と現実

　「てまえみそ」は 2005 年 10 月 29 日、「こだわり・うんちく・てまえみそで、人もまちも自分も元気に！」をキャッチフレー

てまえみそ　85

ズとして、「20年後の自分の居場所づくり」を目標に開店しました。当時としては、まだ新しい取り組みで、何の店なのか、利用の仕方もよく分からないというような周囲の反応の中で、まずは「日替わりシェフの手作りランチが楽しめるコミュニティ・レストラン」というコンセプトを中心にする事で、誰もが気軽に足を運んでもらえる場所にしたいと考えました。

　開店準備と併せて、ランチを提供する「ワンデイシェフの募集」と「ランチが食べられる飲食店」としての利用者開拓の為の広報活動にかなりのエネルギーを注ぎ込んできたつもりでした。しかし、残念ながら、開店までに充分なシェフが集まらないまま、週2日か3日のランチ営業で、見切り発車をせざるを得ませんでした。その後、クチコミや紹介などで、7組程のシェフが集まり、最大で毎週3日位まで、ランチ営業が可能になりました。登録シェフを増やし、ほぼ毎日ランチ営業ができるようにしたい、というのがまずは直近の目標でした。

　しかし、5年目位から、それぞれのシェフの都合で、ひと組減り、ふた組減り、となり、ランチ営業の日数はめっきり減ってきてしまったのです。何より、一番苦労したのは集客でした。住宅街の一角でわかりにくい場所、ランチ営業日が不定期、何より存在を知らない、等々、考えられる悪い条件は多々あったとは思いますが、地元地域の皆さんの固定客を開拓することができず、それぞれのシェフについたお客様が中心で横に広げられなかったことで、採算は元より、モチベーションを維持することが難しかったのではないかと反省しています。残念ながら作り手としてのシェフの希望者にも、食べに来て頂けるお客様にも、「日替わりシェフによるランチ提供」の場として

のニーズはないのではないかと感じるようになっていました。

　そんな中でも、最後まで9年間にわたり、自らの畑で育てた蕎麦粉を使って、手打ち蕎麦を提供していただいていた「蕎麦工房野澤屋」さんも、終盤では月1回と回数を減らしながらも根強いファンの為に「手打ち蕎麦ランチ」を続けて頂きましたが、平成29年末で惜しまれながら閉店することになりました。

　結局、現在のランチ営業は、「毎週金曜日はカレー曜日♪」として、グレース工房さんの薬膳カレーのみとなっています。グレース工房はNPO法人の就労支援事業としてカレー販売をしていますが、直営店をもっている為、てまえみそではカレーのみを仕入れ、ランチセットとして提供しつつ、広報協力させていただいています。

利用者のニーズに寄り添うことで見えてきた役割

　一方で、開店直後から、利用者の方のリクエストで細々と始めていた「歌謡サロン♪」がだんだんと定着してきていました。最初はほぼ身内のような、知り合いだけの集まりで、ピアノ伴奏もなく、手書きの歌集を作りながら、お喋り中心のサロンでした。当初、月に1回だったのが、2回になり、3回になり、現在はギター伴奏のフォークカフェも含めて、月4回になっています。参加者も最初は7〜8人で始まったのが、13年目になる現在ではコンスタントに20人前後、店内ほぼ満席の盛況となっています。

　開店当初から、ランチタイム以外の「お茶の間事業」として、こんな使い方も事業計画には入っていましたが、事業の柱となる程の成長は想定していませんでした。とくに決まった用途があった訳ではなかったのですが、なぜか店の片隅に最初からピアノが置いてありました。「せっかくなら伴奏してくれる人が欲しいね、謝礼は払えないが、ボランティア精神で協力してもらえる人を探そう」ということになりました。

　幸いにもY社のOBで、趣味で編曲などをしている方にお願いすることができました。自らの編曲で伴奏もつけた20曲位の歌集も準備していただき、参加者も一気に20人前後に増えました。その内に、参加者からのリクエストで、月2回になり、新たに別のピアノ講師の方から協力申し出があり、月3回になりました。もちろん参加者の皆さんは大歓迎です。初代のピアノ伴奏者A氏は、丸9年間にわたり現在の基盤を築いていただき、2016年末に惜しまれながら引退されました。その後も、都合で2回程交代がありましたが、幸いにもその都

　度後任の方にスムーズに引き継がれ、現在に続いています。
　また、2016年4月からスタートしたギター伴奏による「フォークカフェ♪」も既に3年目になりました。原則毎月第四金曜日の午後、ギター伴奏で「あの頃」の懐かしい歌を歌い、お茶を飲み、想い出話に花を咲かせ、歌謡サロンとはまた違った雰囲気の中で、ゆるゆるとした時間を楽しんでいます。これまでは傍観者だった家人が、定年退職を機に、本人の希望で、自らの出番と居場所をつくり始めたものです。
　この歌謡サロン♪を中心として生まれたコミュニティが着実に育ち、そこから逆に、コミュニティ・レストランの機能に帰って、ランチ会を企画したり、さらには外にも交流が広がってきており、「コミュニティつくり」という当初の想いにつな

がっています。

　さらに、絵手紙教室もすでに10年目、参加者も多少の入れ替わりはあるものの、毎回楽しく、ワイワイとお喋りをしながら、良い時間を過ごしています。教室が午前中なので、私の簡単手料理で軽食ランチを用意し、そのランチタイムがまた貴重な交流時間にもなっています。

　また、開店当初から始まっている「PCサロン♪（パソコン教室）」も13年目、こちらは、「困ったを解決！」をコンセプトに、分からないことを聞きに来る場として、役割を果たしてきています。自分なりの課題を持って毎回来る人もいれば、1回だけで解決してしまう人もいます。人数は少ないながら、お茶休憩も含めて、ゆるゆるとした時間の中で、楽しく学ぶという場になっています。当初は60代だった講師の先生も既に80代ですが、相変わらずお元気で、益々勉強熱心で、どんな質問にも優しく丁寧に対応してくれています。

　現在の状況が、多少、当初思っていた絵とは違っていても、目指していた「自分にとっても居心地の良いコミュニティの場つくり」という大きな目標に向かっていると実感しています。自分が「こうしたい、こうなったらいいな！」と思うことと、利用する皆さんが「こんなことがしたい、こんな所だったら行きたい」と思うことが上手くつながって、実を結びつつあるように感じています。

　てまえみそを必要として頂ける皆さんのお陰で、改めてこの場所の役割を教えられ、再認識することができました。当初事業の柱と考えていた「コミュニティ・レストラン」から、利用者のニーズに沿った「コミュニティ・スペース」として

の役割に、道筋は変わりましたが、目指すゴールは変わらず、その先に見えています。これまでの「歌謡サロン♪」や「パソコンサロン」「絵手紙教室」などの他にも、10周年感謝イベントのご縁で始まった「てまえみそ寄席」も定例化し、今年は第3回となりました。単発では特定グループの会合や会食などの場として利用されたり、「コミュニティ・スペース」としての利活用を柱として、多様なニーズに柔軟に応えていきたいと思っています。これを「進化」と呼べるのかは分かりませんが、「利用者が望んで、選んで、育てられた」のが今ある「てまえみそ」の場なのだと思います。必要とされる限り有り続けることがこの場の使命であり、利用者のニーズに沿った道筋で、共に描いたゴールに至ることができれば、それがてまえみそに与えられた役割だろうと思っています。

「シェアキッチン」という切り口

　最近は「シェアオフィス」「シェアハウス」「シェアカー」等など、と気軽に便利に「シェアして使う」という考え方が注目を集めはじめています。そこで、コミュニティ・レストランのワンデイシェフシステムというのも、見方を変えれば「シェアキッチン」とも言えるのではないか、ということに気がつきました。「ワンデイシェフの募集」ではなく、「シェアキッチン」としての利用を提案することで、また違った切り口から興味を持って頂けるのではないかと考え、数年前からブログやチラシでも「シェアキッチン」という言葉を使い初めました。

　今思えば、これまでも、通常のランチ営業の他に、マクロビ料理教室や、高校生や子どもたちの就労体験のカフェ営業、

てまえみそ　91

ジャマイカ人シェフによるジャマイカランチの会、地域の集まりのランチ会、などの場として利用されていたのは、言い換えれば「シェアキッチン」としての利用とも言えます。そういえば、婚活クッキング、婚活そば打ち、などというのもありました。「厨房付きコミュニティスペース」としての利点を活かして、これからは新たに、共食の場、体験の場として「シェアキッチン」という切り口での利活用を応援していきたいと思っています。

月一居酒屋「地ねた屋」 10年90回を振り返って

　発端は、2007年（平成19年）3月に起こった「能登半島地震」でした。いくつもの酒蔵が被害を受けたことを知り、「呑んで支援しよう（呑みボラ）」という提案に協賛し、4月には能登の地酒の詰め合わせセットと能登の食材を販売するイベントを開催することになりました。お酒の販売には酒屋さんの協力が必要ということで、知り合いの酒店に協力をお願いしました。そのご縁から、その年の11月、てまえみそで第一回の「地ねた屋」がスタートしたのです。

　地元静岡の蔵元の地酒と能登の地酒を、地元の食材を中心に能登の食材も一緒にみんなで味わおう！という会でした。私たち素人のにわかシェフの家庭料理ではありましたが、新鮮で美味しい食材と地酒のお陰で、大いに盛り上がりました。その後、毎月1回定例化しようということになり、「月一居酒屋・地ねた屋」と命名しました。それから5年、一回も休むことなく、第60回を迎えました。そんな中、2011年3月には「東日本大震災」が起こり、また東北の蔵元の被災のニュースが入り「呑

みボラ」東北版をスタートさせました。

　しかし、毎月、居酒屋シェフをお願いする人を探し、メニューを決めて、食材を準備し、当日の準備、片付け、また集客も含めて、かなりのエネルギーを使い、負担が大きくなっていました。そこで、第61回以降は、2カ月に1回の「隔月居酒屋・地ねた屋」として再スタートすることになりました。シェフも毎回決まった方に内容、準備共々お任せすることで、負担が大幅に軽減され、以後5年30回、一度も休むことなく、平成30年7月で通算90回を迎えました。参加者も今ではほぼ常連さんで定員の20席は直ぐに埋まってしまう程、定着してきました。参加者の顔ぶれは、最初の頃とは多少入れ替わってはいるものの、昼とはまた違ったコミュニティの場、老若

男女が集う異業種交流の場として、次の目標100回を目指して、進化し続けていきます。

　毎回のお酒は、酒屋さんのお薦めで、3種類、順番も考慮して、季節に合った地元の銘酒を選んでくれます。

　当然のことながら、日本酒にはこだわりもうんちくもある常連の参加者をも、満足させて尚余りある知識と経験のあるプロの酒屋ならではの選択と情報提供が最大の魅力となっているのは言うまでもありません。折に触れて、酒屋独自のイベントで酒蔵見学会があったり、蔵元の会長や杜氏社長などをゲストにお招きしたり、とファンの気持ちをしっかりと掴んでくれています。

　一方、料理の方は、これまではプロ、アマ問わず、色々な方々にシェフをお願いしてきましたが、ここ数年は、ホテルの料理長まで務めた元プロのフレンチシェフと、フリーの料理人でヘルシーにこだわったメニューを提供してくれるシェフの2人を中心に、交代で担当して頂いています。内容といえば、もちろん地元の食材にこだわって、旬の野菜を中心に、日本酒に合う料理を考えて、毎回大満足の料理を提供して頂いています。ここ浜松市周辺は気候にも恵まれ、野菜・果物を始め、海産物・畜産物まで含めて、地元産食材が豊富で新鮮で美味しい「地ねた」にこと欠かないという環境も大事な要素になっています。

これからの10年、自分自身の居場所として

　当初の目標「20年後の自分の為の居場所」まで、気づけばもう残りわずかですが、お陰様で、今既に、楽しんで利用していただいている皆様と一緒に、自分自身にとっても「居心

地の良い居場所」になっています。これからの10年を考えると、私も70歳代も後半、利用したい側の当事者の真っ只中になっている予定です。とするならば、誰が、どんな風に、管理人として、企画、維持、運営に関わってくれているのだろうか、と考えます。

　個人資産で、個人事業としてスタートしているので、継続してくれる事業継承者をどう育てるかが課題です。勿論、自分が元気な限りは続けたいし、続けられる限りは元気でいられるとは思っていますが、人生の終点が視界に入りつつある年代になって、誰に、どのように想いを乗せたバトンを渡せるのかが、目標になってきたことも現実です。

てまえみそ　
住所：〒430-0904　静岡県浜松市中区中沢町65-15
電話：(053) 475-1516　FAX番号：同左
mail：temaemiso@hamazo.tv
HP：http://temaemiso@hamazo.tv
定休日：木曜日・日曜日・祝日・他不定休有り
食事：毎週金曜日カレー曜日 800円
　　　隔月第三金曜日夜　地ねた屋（4500円、3500円）
定員：20席
代表（管理人）：富田久恵

富田久恵
1951年静岡県袋井市生まれ。26年間勤務した企業を早期退職後、1998年NPOインターンシッププログラム、1999年国際交流基金日米センターフェローシップにて研修。帰国後、2001年NPO法人アクション・シニア・タンク設立、2016年解散まで代表理事。2004年浜松ビジネスプランコンテスト優秀賞を受賞し、2005年10月コミュニティ・レストラン「地域の茶の間てまえみそ」をオープン。浜松市在住

さくらcafe

管理栄養士が
地域の食の悩み
解決のお手伝い

しんの かずえ
新野和枝

はじまりは、さくら診療所
地域での活動が世界につながる　そんなコミレスを目指して

　2001年、管理栄養士として医療法人さくら診療所に就職。全てはここから始まった。国際協力、環境問題、有機農業。医療機関とはあまり関係ないように思えるこれらの活動に積極的に取り組む、吉田修医師がいるのが、このさくら診療所だ。徳島県吉野川市山川町にあり、私が10年勤めた場所。そして、2011年にこの診療所を飛び出し、合同会社PlanBのメンバーとして、コミュニティ・レストランさくらcafeを立ち上げることになる。

アフリカへ

　診療所にいた10年間に、様々な経験をさせてもらった。吉田医師が長年取り組んでいる、アフリカ南部のザンビア共和国でNPO法人TICO（てぃこ）のスタッフとして1年余り国際協力活動に関わったり、その後にこの経験を生かし、青年海外協力隊の栄養士隊員として、西アフリカのニジェール共和国へ2年間、行かせてもらったりもした。

　貧困に苦しむアフリカの現状を目の当たりにした。そして、その背景には、地球温暖化による気候変動があること、温暖化の原因として私たちの便利な生活も無関係ではないことを知った。

　帰国後は診療所に復職したが、何かアフリカの国の人々のために、できることがないか、そんな気持ちが常にあった。

さくら cafe　97

栄養士、畑に行く

　吉田医師は、病気の治療や予防には食事が大切であり、管理栄養士の果たす役割は大きいと考えてくれている。ベッド数19床の小さな診療所だが、当時、私を含め3人の管理栄養士がいた。入院患者に提供する食事も、農薬まみれの食材を使っていては本末転倒であると、医師自らが無農薬無化学肥料の野菜栽培に取り組んでいた。「栄養士も畑へ行け！野菜のことを知れ！」私たちも医師の畑で安全で安心して使える野菜を収穫する。患者さんはもちろん、地域の人にも安全な野菜を安心して美味しく食べてほしい。病気の予防、健康の維持増進につなげてほしい、そんな思いが生まれた。

地域のために役に立ちたい。ここは私の大切な場所。

　診療所では、外来患者さんに食事や栄養の話をすることも多かった。ただ、話したことを患者さんが実践してくれたかどうか。私のやっていることは、地域の人に役に立っているのか。悩みながらの日々だった。病院で患者さんを待っているだけでなく、もっと地域に出て行ったほうがよいのではないかと、地域の健康教室や料理教室にも、積極的に関わるようになった。山川町は、私の地元ではないが、診療所に就職後、1日の大半を過ごすこの場所は、私にとってはとても大切な場所。管理栄養士として、この地域に住む人たちの健康な日々の生活のために、少しでも役に立つことができたらと思った。

やりたいことがたくさん！

　さぁ、こまった。アフリカの貧困、環境問題、畑、地域の人

の健康。様々な経験をさせてもらったなかで、いろいろなことを考え、やりたいことがたくさん出てきてしまった。しかも、それぞれが点々としていて、どうやってつなげていったらよいものか。管理栄養士としての方向性にも悩みながらの数年。解決の糸口が見出せないなか、さまざまなことに挑戦する日々。そんなとき、コミュニティ・レストラン（コミレス）という考え方に出会うことになる。

点を線に　線を面に　思いを形に　コミレスとの出会い

　2010年に女子栄養大学で開催された、第57回栄養改善学会で世古一穂氏の講演を偶然拝聴した。コミレスの考え方こそ、点々に散らばっていた私の「やりたいこと」を1本につなぎ、

「思い」を形にし、「食」のプロである管理栄養士として、地域に貢献できる一つの方法だと強く感じたのである。

自分にとって大切な地域で、コミレスの食と調理の基本であるエコクッキングを実践し、安心して使える安全な食材を使い、栄養バランスが考えられた食事を提供する。それは、管理栄養士として地域の人たちの健康的な食生活のお手伝いができ、そして、環境問題へも取り組める。それは、直接的ではないけれど、回りまわって、アフリカの貧困問題の解決の一助にもなりはしないか。一地方の田舎町の取組が、世界にもつながるのではないかと思えた。コミレスをやりたい！ コミレスをやろう！ 物事が動き出した。

合同会社 PlanB 設立

長年お世話になった診療所を飛び出すときがきた。医療法人の枠にとらわれずもっと様々な活動をしたいと思う診療所スタッフが、2011 年 3 月に合同会社 PlanB（ぷらんびー）を立ち上げたのだ。同年 6 月、私も診療所を退職し、PlanB の一員となった。

PlanB の設立目的は、従来の経済効率を最優先してきた、これまでの私たちの暮らし方を A とするならば、地球環境を大切にする循環型のライフスタイルである「プラン B」を提案し、実践していくこと。社名は、米国の環境活動家レスター・R・ブラウン氏の代表的な著書「PLAN B」を由来とする。

PlanB は、事務部門・有機農業部門（さくらファーム）・コミレス部門（さくら cafe）の 3 つの部門からなる。

私がコミレス部門の責任者となり、PlanB の福士庸二代表に

相談しながら、コミレス立ち上げの準備が始まった。

コミレス立ち上げ

　コミレスをはじめるにあたり、まずはどこでやるのか。空き店舗など既存の建物を使うのか、新築するのか、二転三転した結果、最終的に、さくら診療所の敷地内にコミレスを建築することで落ち着いた。2階建てで、1階がコミレススペース、2階はPlanB事務所と、さくら診療所のスタッフの休憩室。コミレススペースの客席は20席程度にし、厨房は診療所時代の厨房経験を活かし、必要だと思う機器は高額でも無理して導入させてもらい、機器等の配置も、動線などを考えながら決めていった。

　2012年6月から建築工事が始まった。施工会社のスタッフとのミーティングも度々あり、決めなければいけないことはたくさんあるが、分からないことも多く、福士代表が頼りだった。決定事項を後から変更してもらうことも何度もあった。調理道具や食器類、客席の机や椅子、音響設備、レジ等々、後から後から決めなければいけないことが出てくる。今思えばいらなかったものも多少あるが、当時は何が本当に必要なのか、分からないことも多かった。店舗名は色々考えたが、さくら診療所の敷地内にあり、「さくら」という名前が耳馴染みがあって分かりやすいだろう、ということで、「コミュニティ・レストランさくらcafe」に決まった。ちなみに、さくらcafeのロゴは、コミレス立ち上げ時に私以外にもう1人いたコミレス部門専任スタッフのKさんの手書きをベースに専門の方にデザインしていただいたものだ。あっという間に時間は過ぎ、9月

さくら cafe　101

末には無事に建物が完成し、引き渡しとなった。建物は、思った以上に大きい印象だった。こんな立派な建物を作ってもらってしまった。立ち上げ前の「コミレスをやりたい！」という気持ちとは裏腹に、正直、とてつもないプレッシャーと不安だけがあった。

試行錯誤の１年目　我慢の２年目３年目

　ついに始まってしまった。2012 年 10 月 11 日より、さくら診療所の職員食のみ提供をスタート。２カ月余り、ずるずると職員食だけ提供していたので、いつオープンするのか回りから心配される中、ようやく、2012 年 12 月 13 日より、カフェ営業のみではあるが、さくら cafe オープン。年明けて、2013 年 1 月 7 日より、ランチ営業を開始した。２月からは配食サービスも始めてみた。表立った宣伝もしないまま、お客さんも少ないまま、営業時間、メニュー内容、スタッフの配置など再検討することも多かった。イベントにも出店するなど、とにかく出来ることをやってみる、試行錯誤の１年目だった。

　さくら cafe は、さくら診療所の職員食を提供しているので少なからずベースになる収入があるのと、合同会社という形をとっているので、売り上げの出せないさくら cafe を他の部門で支えてもらうことで何とか１年目を終えたが、経営的には非常に厳しい状況だった。２年目は少しずつ口コミなどで、お客さんが来るようになった。TICO を通じて、アフリカやアジアからの研修生の研修場所として、国内外を通じて様々な活動をされている方をお招きしての講座などに活用してもらったりもしたが、まだまだ我慢の１年だった。

　3年目になり、配食サービスが知られるようになり、介護保険の配食サービス事業者一覧に掲載してもらったり、ご家族や介護支援専門員の方から問い合わせがあったり、またさくら診療所から紹介されたりと、少しずつお弁当の需要が増えてきた。ホールは、日によって差があるものの、以前のようにお客さんが誰も来ないということは少なくなった。

　4年目も依然同じような状況であったが、5年目にお弁当の配達範囲を広げたことで、お弁当の数が増え、食数としては、これまで50〜60食でずっときていたのが、70〜80食になった。常連客も増えてきて、コンスタントに週に何回もランチやお弁当を利用してくれる方も増えた。2017年11月には、ようやく全国のコミレス仲間を招いての、コミレスフォーラム in

徳島も開催することができた。

現在の状況

2018年7月現在、6年目に突入している。現在さくらcafeが行っているのは11のこと。

1．ランチ営業、2．お弁当、3．配食サービス、4．さくらファームの野菜販売、5．レンタルBox、6．アントハウスの米粉パン、7．講座開催（ヨガ講座、料理講座、三線講座など）、8．レンタルスペース、9．レンタル会議室、10．さくらcafeつうしん、11．ブログ更新。

スタッフは正社員2名、パート4名、アルバイト2名。営業時間は11時〜14時、定休日は毎週日曜日。平成29年度の売上高は月平均110万程度。収支を見ると、残念ながら2017年度も赤字。cafe単体では非常に厳しい営業状況が続いているが、他の部門に支えられ、会社としては何とか成り立っている。

売上の大部分は、お弁当とランチで、全体の食数は80〜90食。このうち配食サービスのお弁当が60食前後、さくら診療所の職員食が10食前後。店舗販売のお弁当が10食前後、ランチが10食前後。思いのほか、お弁当の需要が高いことが分かった。

さくらファームはPlanBの有機農業部門で、栽培期間中無農薬・無化学肥料で野菜を作っている。この野菜を毎週月・水・金曜日に販売している。もちろん、cafeで使用している食材も、このさくらファームの野菜を中心に使い、足りない分は、近隣の農家さんの野菜を使うようにしている。調味料などもできるだけ地元のものを中心に、オーサワジャパンやコー

プ自然派のものを使っている。食材は安心して使える安全なものを使う。でもそれは、こだわりや店の売りではなく、コミレスでは当たり前のことなのだ。

アントハウスは、もともと山川町内の就労継続支援B型事業所が行っていた、米粉パンの製造販売店だった。2014年8月に閉店する際に、cafe が引き継いだもので、現在は、cafe の米粉パン製造部門となっている。毎週木曜日に製造し、cafe の店内で販売している。米粉100%で、小麦グルテン・卵・牛乳・乳製品不使用の、モチモチっとした食感が特徴のパン。アレルギーのある子どもや孫のいる方から、問い合わせをいただいたりする。

講座などは、あまり多く開催できてはいないが、ヨガ講座・料理レシピ講座・三線講座は毎月1～2回ずつ行っている。作品展示などを無料で行えるレンタルスペースや、有料で cafe を会議室として使えるレンタル会議室は、今のところはあまり活用されていない。

cafe つうしんは、cafe 会員の方向けに毎月発行しているお便りで、2013年2月に第1号を発行してから、2018年7月で66号となった。HP は基本情報を掲載し、ブログと Facebook を日々更新し、cafe 情報を発信している。

cafe は50～60代の女性を中心に、男性の方、シニア世代のご夫婦、診察に来たおばあちゃんと付き添いの娘さん、入院患者の付き添いの方、子連れのお母さんなど、様々な方にご利用いただいている。

課題とこれから

　コミレスさくら cafe を始めたからには、細くても長く続けたいと考えている。それには、スタッフはボランティアではなく、給料がきちんと出る、仕事としてきっちりやってもらえる、食べていけるコミレスであるべき形だと考えている。ボランティアが思いと善意だけでやっていたのでは、長続きは難しいのである。

　cafe を継続のための課題は沢山あるが、まずは、スタッフの勤務体制の改善である。早出が 3 時に出勤、日勤が 7 時。遅出が 10 時、ホールスタッフが 10 時半。忙しいときは、9 時に厨房ヘルプが入る。14 時閉店後、後片付けをして、おおむね 15 時には退勤できるが、とにかく午前中が非常に忙しく、早出スタッフの負担が極端に大きい。早出と日勤は 1 人ずつで、どちらも初期メンバーなので、思いと責任感で、何とかやっているが、これでは次に引き継いでいくことが難しく、cafe を長く続けていくことは困難である。誰でも、無理なく働けて特定の人に負担が偏らないような、時間数、時間帯の勤務体制の構築が急務である。そして、今後を担えるようなスタッフ育成も必須である。

　2 つめは商品の価格である。現在、お弁当が税込みで、1 食 500 円、ランチは 750 円であるが、来年以降の消費税増税の折には、値上げも考えなくてはならない。材料費は、さくらファームの野菜は、実質仕入れは 0 円だが、種や肥料代、もちろん人件費などの費用はかかっている。他の材料や調味料も安心して使えるものを選んでいるので、どうしてもそれなりに費用がかかってくる。食数が増え、スタッフも増やしたので、

人件費も増加している。配食サービスは、配送料等は上乗せしていないが、配達件数が増え、少し離れた地域にも配達するようになったため、燃料代と人件費もばかにならない。価格改定も考慮していかなくてはならない。

　3つ目はそもそものcafeとしての方向性である。現在、お弁当の売上が多いのに対し、店舗でのランチの売上はそれほど多くはない。店をあけるにはかなりの労力が必要である。いっそ、弁当販売のみの営業とし、ホールは、地域の交流拠点としてのスペース活用ができないか、弁当事業をもっと拡大するか、ということも考える。コミレス的な地域の交流スペースという意味では、cafeの活用はまだまだなので、そちらに力をいれていく必要もあると考える。

コミレスがあちこちにできることを願って

　現状は厳しいし、課題も多い。楽な仕事ではないので、安易にコミレス立ち上げをお勧めはできない。しかし、食を通して、地域が抱える様々な課題を解決すべく、様々なコミレスが地域に増え、根付いていけばよいとも思う。さくら cafe は、栄養士が関わっているため食をメインに、地域の食の問題の解決の手助けになればと考えているが、地域の課題はそれだけではない。1つのコミレスで何もかもはカバーができないが、いくつかコミレスがあれば、それぞれができることをやっていければよいと思う。

　コミレスを立ち上げるにあたり、私がアドバイスできるとしたら、キーマンとなる人物がいるとよいと思う。私にとっての福士代表であり吉田医師の存在であり、今、厨房を私と2人で中心となって切り盛りしてくれる岡田調理師である。また配食サービスなどを考えているなら、地域の医療施設や福祉協議会、管理栄養士などと連携するとやりやすい。地域の農家とも知り合いであれば、材料調達もしやすくなる。さくら cafe のある山川町は地方の田舎町で、地域で畑をしている人も多い。野菜などのおすそ分けをいただくことも少なくない。もちろん会社内に有機農業部門があるのも強い。

　さくら cafe は、地域に需要があったからというよりは、やってみたいからやってみたという部分が大きいが、地域にとって全く不要なものでもなかったと思っている。地域を支える一つの拠点として、そして地域から世界につながる場所を目指して、さくら cafe は細くとも長く継続していきたい。

さくら cafe

住所：〒779-3403　徳島県吉野川市山川町前川212-6
電話：0883-42-5268
FAX：0883-42-5268
mail：sakuracafe@planb-jp.com
HP：https://www.comires-sakuracafe.jp/
営業日：月〜土　（日曜日が定休日。年末年始もお休みします。）
営業時間：11時〜14時
代表者：運営形態　新野和枝（合同会社）
食事の特徴と値段：さくらファームをはじめ、地元の野菜を中心に使用し、管理栄養士の考える栄養のバランスにも考慮した、日替わりランチがお勧め。1食750円（税込み）

新野和枝

1978年徳島に生まれ、神奈川で育つ。大学進学を機に、徳島に戻る。阿波踊りと沖縄とアフリカをこよなく愛する、唄って踊れる栄養士。既婚。理解ある旦那のおかげで、家事はほぼお任せして、コミレス運営に専念させてもらっている。特技は三線。ギターを弾く旦那とユニットを組んで、地域のイベントなどで時々演奏している。

原っぱカフェ

地域に根ざし、
地域を超えた
つながりを

浦田　龍次
(うらた　りゅうじ)

食べた人が自分で値段を決める
～原っぱカフェ「いいね！（言い値）食堂」の試み～

　「お料理はビュッフェ形式で前のテーブルにいろいろ並んでますので、どうぞご自由にお取りください。食べ終わったら、『お代箱』という箱がお料理の横に置いてありますので、食べた量や満足度に応じて、ご自分でお値段を決めて、ご自分で入れてください。その際、お店のスタッフは確認いたしませんので、どうぞ、プレッシャーを感じることなく入れていただいてかまいません。ではどうぞ、ご自由にお召し上がりください」

　原っぱカフェに、初めて来られたお客さんに対してお店側でする説明です。反応は様々。「え～⁉」と奇声をあげる人。意味がわからずぽかんとしてしまう人。「面白～い」と興味を示す人もあれば、全く理解不能といった表情でさっさと出ていかれる人も。それでも最近は、事前に情報をどこかで得てから来られたのでしょうか、驚きもせずにこやかに説明を聴いてくれる人も増えてきました。

　九州は大分県のほぼ中心、由布院の中でも観光客が集中する「湯の坪街道」からひとすじ離れた九州横断道路沿いに原っぱカフェはあります。運営母体は特定非営利活動法人「ムラづくりNPO風の原っぱ」。「食と農を通じて様々な人たちの交流の場と安心できる居場所づくり」を目指すこの法人が、2010年5月にオープンしたコミュニティカフェです。オープンから6年間は、それぞれ値段がついた3種類のランチから一つを選んでもらう、一般的な形式で運営をしてきましたが、2016年1月、かねてから実行に向けて方向性を探っていたこの「言い値方式」での営業をスタートしました。

原っぱカフェ　111

お客さんからいつもいただく質問

　お値段をお客さんにお任せするという、この「言い値方式」に切り替えて以降、お客さんからの質問で一番多いのは「これで成り立つんですか？」。ほとんどタダでたべるお客さんばかりになるんじゃないか、ぜんぜんおカネを入れてくれないんじゃないか、と心配してくださっているようです。実際、私たちも当初、それを心配しましたので、まず1週間のお試し期間から始めました。一番気になったのは、これまでついてくれていたお客さんからどんな反応が返ってくるかでした。意外なことに、「なんか、また変なこと始めたな」と面白がってくれる常連のお客さんも多く、多くの方が食べたお料理に見合う額、お店が成り立つ額を考えて、お代を入れてくれたようでした。お試し期間はそのまま1ヵ月、3ヵ月と延長。この3ヵ月の手応えから判断し、その後、恒常的な「言い値方式」での営業に踏み切りました。

　さて、先ほどの「これで成り立つんですか」という質問を受けた私の答えは、「ぜんぜん儲からないです」「オススメしません」「ビジネスモデルにはなりません」「生かすも殺すもお客様次第です」「そうやって心配してくださるお客さんがおられるうちはまだ大丈夫です」などと、その時のフィーリングで答えています。

　でも考えてみれば、どんなお店でも、存続できるかどうかは結局お客さんにかかっているわけで、その意味で大きな違いはないのかもしれません。

なぜ「言い値方式」？

　お客さんから受ける、次に多い質問は「なんでこんなやり方をしているんですか」。これまたその時のフィーリングで答えます。

　一般的なビュッフェ（バイキング）のお店を考えてみると、1500円で「60分食べ放題」などというものがよくあります。でも、カップルやグループで来られるお客様の場合、中には食欲のあまりない人、少食の人もいるかもしれません。すると、先のような「1500円食べ放題」のビュッフェでは、敬遠されることになるでしょう。でもこの「言い値方式」なら、食欲がなくても、「ちょっとだけ食べて、ちょっとだけ払う」という利用の仕方ができるので、グループでも利用し安いんじゃないかと考えました。

　また、「いいね！（言い値）食堂」は、ビュッフェ形式なので、お客さんからの注文を受けて料理を作ることは基本的にありません。お店側が出す料理を決めています。つまり、お店側

原っぱカフェ　113

は、自分たちの好きな料理を好きなように出して、お客さんは好きな料理を好きなだけ食べて、好きなだけ払うという。いわば、それぞれが好きなようにしていられる、そんな場所です。それによって何が起きるのか、何も起きないのか、わからないのですが、もしかしたら、なにか面白いことが起きるんじゃないかと思ったのも、これを始めた理由です。

「食べ放題の店」ではなくて

「ビュッフェ（バイキング）形式」と言うと、いわゆる「食べ放題」を売りにしていると思われがちなのですが、実はこちらとしてはそう考えていません。「食べ放題」というよりは、「体調や食欲に応じて、ちょうどいい分だけ食べて、食べた分に応じて払うことができる店」というイメージです。

ただ、もしお客さんが、「食べ放題」として利用しようと思えばそれはできるし、お店側は、お客さんがお代を箱に入れる時にいくら入れているかを確認しないので、山のように食べて100円払う、ということもやろうと思えば可能です。もしお客さんのほとんどがそうなったら、早晩、お店は潰れることなるかもしれません。それでも、ありがたいことに、そうならずに２年半を継続してこれたのは、多くの皆さんが私たちのこの試みを暖かく支えてくれたからだろうと思って感謝しています。

「言い値方式」に切り替えて変わったこと

このやり方に変えて、以前と大きく変わったと一番強く感じるのは、お店とお客さんとの関係です。友人や家族の関係とまではいかないけれど、お店とお客さんとの距離が前よりもぐっ

114　　2　モデルコミレスを紹介します

と近づいたように感じています。商売上のビジネスライクな関係というよりも、まかないの料理を毎日用意しているところに、友人、知人が食べに訪れて、お礼にいくらか志を置いていく。いわば、「地域のまかない共同食堂」のような。それはこのコミュニティレストランを作るときに目標としたイメージでしたが、この「言い値方式」によって少しその方向に向かい始めたように感じています。

これまで週に1、2回程度、利用されていた常連の方は、週に3、4回利用してくださるようになり、地元のリピーターも少しずつ増えてきました。食事をするだけでなく、おかずを容器に詰めて夜の食事用に「お持ち帰り」されるお客さんもおられます。それらも含めて「言い値」での支払いを受け入れています。実際、毎日のように利用してくださる常連さんの場合は、400円とか500円ぐらいでも全くOKと思っています。それは、私たち庶民が「毎日食べる昼食」にかけられるおカネってそんなものじゃないかと感じるからです。

「言い値方式」で目指す「関係性」

実は、私の中では、この「言い値方式」で将来こうなったら嬉しいなという、イメージがいくつかあります。

たとえば常連のお客さんが、経済的な余裕があまりないときはその時に払える分の無理ない額を払い、その後、給料日がきて余裕ができたら、今度はすこし多めに払うというような、（それはおそらくお店側で把握も確認もできないかもしれませんが）そんなお店とお客さんとの関係が作れたらいいなって思います。

実際、人は経済状態が厳しくなると、多くの場合、食の部分

に大きなしわ寄せがくるものです。安いインスタント食品、見かけは美味しそうな冷凍食品が大量に出回っている昨今ですが、元気が出て、しっかりと健康を維持できる最低限の食事が、経済状態の良し悪しにかかわらずいつでも保障される地域コミュニティがあったら素敵だろうなって思います。

調理スタッフは多国籍なボランティア

「いいね！方式」と並ぶ、原っぱカフェの特徴をもう一つあげるとするなら、料理を作るスタッフの多様さ、多国籍さということでしょうか。厨房には世界各国から集まったウーファー（WWOOFer）と呼ばれるボランティア、国内各地、あるいは地元からの国内ボランティア、家庭料理や郷土料理の得意なベテラン主婦、カフェ体験を希望してその日だけお手伝いに来てくれている人。いつも総勢4人から8人ぐらいの多様なスタッフが所狭しとキッチンで腕をふるっています。また、この場は、それぞれの得意料理、おクニの料理をお互いに教えあい、学びあいながら、異文化、異世代交流を楽しむ場ともなっています。

WWOOF（ウーフ）という制度について

ここで出てきたウーファーについて少し説明します。WWOOFは、Willing Workers on Organic Farms、またはWorld Wide Opportunities on Organic Farms の頭文字。ウーフというシステムは、現在は世界60カ国以上の国で事務局（民間）があり、日本では1994年から始まりました。この制度を利用してくる人をウーファーと呼びます。彼らはインターネット上のWWOOF JAPANのページにある受け入れホスト

　のリストをチェックします。募集時期、期間などの詳細について、ホストとウーファーがお互いに確認しあい、合意できれば受け入れ決定となります。
　ウーファーは、基本的には、ホストに対して、1日に約6時間程度何らかのお手伝い（週に1日休み）をし、ホスト側はそれに対して宿と1日3食の食事を提供することになっています。お金のやり取りはなく、親戚や友人関係のような交流を目指しているのがウーフの特徴です。このウーフやボランティアなどで、昨年は原っぱカフェに約100人の人たちがお手伝いにきてくれました。
　実際、そうした外からの人たちが来ることによって、その人たちと交流したいと、地元の人たちも集まってきます。外とのつながりは中でのつながりも促進してくれるのです。「地

域に根ざしながら、地域を超えた関係を」作っていけたらうれしいなと考えています。

料理を出し終えた後は、地域の農家や福祉施設のお手伝い

「いいね！（言い値）食堂」の仕事は、正午過ぎぐらいに料理を出し終えて、いったんひと段落します。その後、スタッフの半数が、カフェを離れて近隣の農家への援農、または地元の福祉施設へのお手伝い、知り合いからの頼まれごとへの対応などに出かけています。（残り半数はカフェで後片付け）

安心できる食の場づくりと同時に、地域の農家や福祉施設など人手不足に困っている場所をサポートする体制をつくり出していけたらと、昨年からこのような形を取っています。

農業の現場も福祉の現場も人手不足に悩まされています。私たちに専門的な知識や技術があるわけではないのですが、人が何人かいるだけで役に立てる仕事は結構あるようで、世界中からきているウーファーさんたちにも協力してもらいながら、カフェの外でも地域の役に立てるようになっていけたらいいなと思っています。

毎週木曜日のお食事会、お茶会～オレンジカフェ

原っぱカフェでは、毎月第1・第3木曜日、高齢者を中心としたお食事会（参加費500円）を12時から開催しています。また第2・第4木曜の午後2時からは高齢者を中心としたお茶会（参加費200円）を開催しています。これは原っぱカフェのスタート以前からNPOの活動として取り組んできたもので、後者のお茶会には、2016年から地元の社会福祉協議会が主催

するオレンジカフェ（いわゆる「認知症カフェ」）が合流。地元のいくつかの病院から認知症の専門家や社協の認知症担当者、包括支援センターの人たち、高齢者の方々など幅広い顔ぶれが集まって行われるようになりました。認知症は今や5人に1人がなると言われる時代。認知症になっても何の不安もない、そんな地域社会ができるといいなあと思います。

「原っぱ」の名前に込めた思い

「原っぱカフェ」の名前の由来を説明するには、運営母体のNPOのそれの由来を先に説明するほうがわかりやすいと思います。「風の原っぱ」というNPOの名前の「風」。これは外からやってきて、ここでひとときを過ごし、そしてまた去っていく、そんな「風の人」たちをイメージしています。それに対して、「原っぱ」の方は、いつもそこにあって風を受け入れる草原（大地）のようなイメージです。彼らが去った後にもまた、いつでも安心して帰ってこられる、そんな「原っぱ」でいられたら嬉しいなと考えています。

再び、「なんでこんなやり方をしているんですか」

先に紹介した「お客さんからいつもいただく質問」で2番目に多いのは、「何でこんなやり方をしているんですか」というものです。実は、これは私自身が、いつも自分に問いかけている問いでもあります。このところ一番自分でしっくりきている答えは、「自分で面白いと思うから…」

実は「言い値方式」に切り替えて、私自身の暮らしは、以前のように、旅行に出かけたりすることがほとんどできなくな

原っぱカフェ　119

『朝日新聞』大分版 2010 年 6 月 4 日付

りました。経費に比べて収益が落ちたからです。「言い値方式」にする前からそれほど儲かってはいなかったのですが、このやり方に変えて、さらに儲からなくなりました（苦笑）。それでも、このやり方にこだわり、続けていきたいと考えているのは、それを補って余りあるものがあると感じているからです。

　類は友を呼ぶという言葉があります。こんな場を作りたいとか、こんなふうに暮らしたい、というのを発信しながらそれに向けて実践していると、こちらから会いたいと思うような人たちが向こうから訪ねてきてくれるという不思議な体験をたくさんしました。

　そんな出会いや人と人との交流こそ、人が旅に求めるものであり、それこそが旅の醍醐味なんじゃないかと思います。その意味で、どこかへ出なくても、いながらにして旅の醍醐味

を味わうことのできる、この場所は誰よりもまず私自身にとって、なにものにも代えがたい場所と感じています。

　実際、私も若い頃には旅先でいろんな方にお世話になったものです。ご迷惑をおかけしたこともたくさんあります。その一つ一つが今となっては、私にとってかけがえのない体験でした。今度は、自分がその恩をこの場所で返していく番だと思っています。

　昔、沖縄を旅行したときに、地元の人から、沖縄には「いちゃりばちょーでー」ということわざがあることを教わりました。「一度出会えば、もう兄弟」というような意味なのだそうです。私はこの言葉が大好きです。縁あってこの場所で一緒に過ごした人たちが、その出会いや体験をいい思い出として一生の間、胸に刻むような、そんな場所にしていけたらもう最高だなって思っています。

原っぱカフェ
住所：〒879-5102　大分県由布市湯布院町川上1525-12
電話&FAX：0977-84-2621
HP：http://www.oct-net.ne.jp/harappa/harappacafe/home/index.html
営業日：水曜定休　11:50～14:30（料理がなくなり次第終了）
食事の特徴と、値段：15～20種類の料理のビュッフェ　お値段はお客様にお任せ
代表者：運営形態：浦田龍次
運営母体：特定非営利活動法人「ムラづくりNPO風の原っぱ」

浦田龍次
1963年大分生まれ。東京で一浪後、早稲田大学へ。
94年、故郷の湯布院へ帰り、家業の酒屋を継ぐ。
04年、湯布院町議会議員。翌年、合併反対を掲げ、町長選挙に出るも敗北。05年、合併により町が消滅した年、「ムラづくりNPO風の原っぱ」開設

3

地域に広がるコミレス

北海道のコミレス

西野厨房だんらん

運営主体：NPO法人ぐるーぽ・ぴの（代表堀川淳子）

住所：〒063-0038 北海道札幌市西区西野8条9丁目18－67

電話/Fax：011-671-1443

営業時間：不定

営業日：週1回（不定）

　地域の独り暮らしや高齢者を対象に安全でバランスの良い家庭料理を提供することが目的だ。代表者堀川さんの自宅を改装し、2004年3月にオープンした。現在は、毎週水曜日を「西野子供食堂kaokao」として営業し、隔週金曜日（月2回）を「西野厨房だんらん」として営業している。

　ＮＰＯ法人ぐるーぽ・ぴのは、地域の高齢者の居場所として町内会と連携して「住民連携文化交流サロンえいと」を運営し、月2回のおしゃべりサロン、その他文化的なサークル活動を行っている。

(伊藤規久子)

レストランとーくる

運営主体：(有) ユニオンメディカルサービス（代表取締役：中山美佐子）

住所：〒004-0054 北海道札幌市厚別区厚別中央4条2丁目12-15

電話/Fax：011-398-4317

営業時間：11：00～17：00

定休日：日曜日・月曜日

　運営主体は、(有) ユニオンメディカルサービス代表取締役の中山美佐子さん。中山さんはコミレスのコンセプトに共感し、自分でも是非開きたいと思い、いろいろ模索後に、

元ラーメン屋だった店舗を改装し、コミレスを2014年にオープンした。栄養バランスのとれた定食を提供する。

　2015年からは、毎週土曜日、夏休み、冬休み、春休みは終日子ども食堂を併設している。社会福祉士、精神保健福祉士の資格を活かし、よろず相談を行い、介護、子育てなど、地域住民の相談をうけ、解決にあたっている。　　（伊藤規久子）

ゆめみ〜る

運営主体：（特活）ゆめみ〜る（理事長：對馬敬子）
住所：〒059-0013　北海道登別市幌別町5丁目18番地1
電話/Fax：0143-83-4525
営業時間：10：00～16：00
定休日：日曜日・祝祭日

　登別市幌別鉄南地区の8町内会が集まって開催した高齢者対策会議で、「高齢者の居場所づくりが必要である」、「町内会での福祉活動には限界がある」との意見が出た。そこで町内会役員の有志がNPO法人を設立し、住民が気軽に集える場を目指して、2008年11月にオープンしたのがゆめみ〜るである。

　飲食の提供以外に高齢者支援および子育て支援としてのサロン事業、夕食配食事業、買い物支援事業などにも取り組む。

（伊藤規久子）

ともかな

運営主体：(特活) いぶりたすけ愛（理事長：星川光子）
住所：〒059-0023 北海道登別市桜木町3丁目2-16
電話/Fax：0143-83-7133
Email：iburi-ai@zpost.plala.or.jp
URL：http://yaplog.jp/tomokana882626/
営業時間：10:00～17:00（※11月～3月は11:30～16:30）
定休日：日曜日・祝祭日・年末年始・お盆休み

　「ともかな」の運営主体である「(特活) いぶりたすけ愛」は、1995年より在宅サービス（掃除、洗濯、炊事、買い物などの手伝い）、サロン、配食サービス、高齢者生き活きグループリビングなどの市民事業に取り組んで来た。介護事業も行っている。これらの活動を通し、高齢になっても障害があっても地域社会の役に立ちたい、特技や技術を活かしたいと思っている人が大勢いることを痛感した。その人たちの就労と活動の場づくりを目指し、2011年5月、「ともかな」をオープンした。店名の「ともかな」は「ともに夢をかなえよう」の意味。であい・ふれあい・たすけあいを大切にしている。

(伊藤規久子)

ミナパ チセ

運営主体：田村直美（個人事業）

住所：〒059-0901　北海道白老郡白老町字社台191-10

電話：080-1874-3624　Fax：0144-82-2654

Email：minapa.cise3624@gmail.com

URL：https://www.minapa-cise.com

FB：https://www.facebook.com/minapacise/

定休日：不定休

営業時間：11:00〜17:00

　店主の田村さんは札幌で開催された起業講座を受講した際に「コミュニティカフェ」と出逢い、自分のやりたいカフェはこれだ！と思い準備を進めた。自身のルーツ、アイヌ文化を発信するため実家を改築し、2017年5月に開店。胃がんになったことから食べる大切さを痛感し、旬の野菜、ハーブ、「発酵食品」でつくる食事で「こころと身体を笑顔」に、カフェ・コミュニティの場で「ひととひとが繋がる時間」をモットーに店を運営している。（店名はアイヌ語。ミナパ＝たくさんの人で笑う。チセ＝家）

（伊藤規久子）

風のごはんや

運営主体：任意団体「未来の里・寿の都」（会長：槌谷和幸）
住所：〒048-0401 北海道寿都郡寿都町字新栄町166-8 寿都地域密着型センター「ふれあ〜寿」内
電話 Fax：090-7056-3018　Fax：0136-65-6274
Email：kaze_gohan@yahoo.co.jp
営業日：毎週月曜日
営業時間：11：00〜13：00

　2010年、寿都町と札幌市立大学の連携による「地域活性化資源調査活用事業」がスタートした。事業の一環として、住民参加によるワークショップやフォーラムが実施され、その中で、町民有志によるコミレス開設の構想が生まれた。コミレス先進事例の視察、レシピ開発、運営主体となる任意団体の設立を経て、2012年6月、「風のごはんや」がオープンした。毎週シェフが変わるワンデイシェフシステムを取り入れている。
　　　　　　　　　　　　　　　　　（伊藤規久子）

健康キッチン・ループ

運営主体：佐藤あゆ美（個人事業）

住所：〒085-0837 北海道釧路市大川町6-20

電話：080-5599-2029

Email：ayu40@palette.plala.or.jp

FB：@kenkoukittin.loop

営業日：火・水・木・土（祝日も営業）

営業時間：11：30〜16:00

　店主の佐藤あゆ美さんは、40代後半に体調を崩したことを機に、"食と健康"に強い関心を抱き、釧路短期大学生活科学科食物栄養専攻に社会人入学し、栄養士免許を取得した。2012年3月、中標津町で「栄養満点カフェ・ループ」を起業。2016年より故郷の釧路市に移転し、「健康キッチン・ループ」と改名。現在は、食堂経営と並行して母校および地元専門学校の保育士養成課程にて「子どもの食と栄養」の講義を担当している。

（伊藤規久子）

森カフェほっぴー

運営主体：穂別コミレスを考える会（代表：一木崇宏）

住所：〒054-0211　北海道勇払郡むかわ町穂別81-8　穂別ふれあい健康センター内

電話/Fax：事務局 090-4873-1915

URL：blogs-yahoo.co.jp

営業日：月1回第3火曜日

営業時間：11:00 ～ 15:00

　コミレス開設に賛同する町民有志が任意団体を作り、2013年にスタートした。スタート時は、年3回程度の開催だったが、「もっと増やしてほしい」という要望があり、現在は、毎月1回程度の開催となっている。さらに、他の地域に出向く出張コミレスや町の他の施設で開催する企画型コミレスも実施している。メニューはうどん、メンバーが打った手打ちそばの他、地元食材を活用した食事を提供している。会員、準会員約50人が運営に携わり、参加者は調理から参加できるが、食べるだけでもよい。　　　　　　（伊藤規久子）

ココ・カラ

運営主体：(特活) ココ・カラ（代表者：内藤圭子）
住所：〒059-1512 北海道勇払郡安平町早来瑞穂1211-1 みずほ館内
電話/Fax:0145-23-2109　090-6261-7994（予約）
Email：npo.cococala@gmail.com
FB：https://ja-jp.facebook.com/cococalashiawasjkan/
営業日：毎週月・金曜日
営業時間：11：00～15：00

　運営主体である（特活）ココ・カラは地元の「食」をテーマに幸せな時間を提供することを目的としている。2014年にオープンした「ココ・カラ」は、「ココロもからだも幸せな時間」をモットーに、地元食材を積極的に使ったランチとお弁当の提供、「料理講習会」「味噌作り体験」「ケータリング」などを実施している。また、地元食材を活用したきなこねじり、おからクッキー、ごぼう菓子の製造も行っている。

　2018年からはカレーの店「ここカフェ」（安平町安平671-11）の営業もスタートした。　　　　　　　　　　（伊藤規久子）

東京都のコミレス

びより

運営主体：NPO法人ツナグバヅクリ（代表者：鎌田菜穂子）
住所：〒185-0002　国分寺市南町1-1　4-7　プラウド国分寺1F
電話：042-321-6730
FB：https://vieyori.jimdo.com/
営業日：定休日　木曜日・祝日
営業時間：9：30～17：00

　都市部のマンション共用スペースを利用してコミュニティ型カフェを開店。国分寺市南町の「プラウド国分寺」（野村不動産開発）1階の「カフェといろいろびより」は料理教室やコンサートなど地域住民向けイベントを開催し食を通じた交流の場として定着している。カフェは保存森に隣接しており自然観察会も行われる。カフェを運営するNPO法人ツナグバヅクリの鎌田菜穂子代表理事は「マンション住民や地域の人が親子で来店し多世代交流の場になっている」と話す。

　「びより」は同NPO法人がマンション管理組合と賃貸契約を結んで開店。日替わりランチを提供するほか、住民の手づく

りグッズなどを販売する〝小商い〟コーナーを設置。音楽、ダンス、ヨガ、子育て、お菓子作り、認知症サポーター養成などさまざまな教室やワークショップを開催するほか、マンションの集会室としても利用されている。

マンションは鉄筋コンクリート地上8階・地下1階建て（125戸）で2016年11月に完成。敷地内にあった森林を保存し、防災施設を備えた公園、カフェとともに「地域公開スペース」とした。「地域に開かれたマンション」を発案したのは野村不動産住宅事業本部の新谷雅樹さん。

「マンションには共用スペースとして集会室の設置が義務付けられているが、どこも年間数回しか利用されていない。びよりは集会室にもなるのでマンション住民だけでなく地域住民にも使ってもらえる」と語る。

マンションの敷地が国分寺崖線に位置し、自然森が残されていたことから、マンション開発計画に〝森の保存〟も盛り込んだ。そのため樹木調査や地域住民とのワークショップ開催、行政との折衝などで着工までに数年を要した。「森と公園とカフェを一体的に地域に公開するプランは、住民と行政との協働によって実現できた。新旧住民が交流できる多目的機能を持ったカフェと自然を感じる暮らしとの一体化をデザインできた」と新谷さん。

びよりは若いお母さんや高齢者らが集うコミレス機能を持つ。都市部に新たな公共空間を作り出す上で、マンションの共用スペースの利用はマンションの価値を高める効果もある。制度化も含めて新時代の社会的モデルとして広げていく可能性がある。　　　　　　　　　（参考：東京新聞）（世古一穂）

まいにち子ども食堂高島平

運営主体：特定非営利活動法人ワンダフルキッズ

住所：〒175-0082 東京都板橋区高島平7-23-21 コーポ芳乃パーク207

連絡先携帯：090-5583-6322（六郷さん）

メール：wonderfulkids21@yahoo.co.jp

HP：https://wonderfulkidsandkodomosyokudou.jimdo.com

設立：2018年3月1日

　「まいにち」と銘打っているだけに、365日3食を提供するという画期的な特徴を持つ、おそらく全国で唯一の子ども食堂と言ってよい。立ち上げの際にはクラウドファンディングの手法で資金を集めるとともに、日常的な運営も会費や募金で賄っている。子どもの学習支援から始まった活動が、「食」という生活の基本を重視し、子どもたちの貴重な居場所になってきている。どんな家庭の子でも気軽に来られ、地域の子育て中の親の来所もみられる。匿名で食料を届ける人など、ひっそりと息づく都会の善意が支えとなっている。

　食事代は、子どもは無料。大人は朝食100円、昼食200円、夕食300円。
　　　　　　　　　　　　　　　　　　　　（船戸潔）

森の食堂

主催者：(有) あきゅらいず

運営主体：TETOTETO

住所：〒181-0014
　　　東京都 三鷹市野崎3-21-18

連絡先：0422-30-9870

ホームページ：http://blog.akyrise.jp/morisyoku/

　森の食堂は、スキンケア会社あきゅらいずの社員食堂として2010年に立ち上げられました。

　お母さんにも働く場所を提供したいという思いから、多くのスタッフは地域のお母さんです。「お母さんの味」を提供する森の食堂は、社員だけではなく一般の人にも開放するようになり、地域の方にも利用されています。

日替わり定食はこだわりがある食材で作られる

　セルフ方式の食堂で、玄米ご飯とお味噌汁・旬の野菜や季節のお魚などの「一汁三菜」日替わり定食は1食850円です。美を養う会社なら食事も大切にという考えから、生産地や生産者の顔がわかる食材をできる限り厳選し、ひとつひとつ丁寧に愛情をこめて手作りしています。

　クオリティを大事にする食堂は地域住民に歓迎され、社員

よりも社外のお客さんのほうが多いほどです。

　木のぬくもりに包まれたゆったりとした食堂は、窓際のカウンター席やテーブル席、そして畳の席が設けられていて、そこからお客さんはお好きな席を選んで、ゆっくりと「母めし」を味わえます。

　森の食堂を運営しているのは、同社の物流を担当するグループ会社テ

ゆっくり過ごせる木の温もりがある空間

お母さんスタッフが愛情を込めてつくる「母めし」

トテト。食堂の広い空間を活用して、味噌作りや梅干し作り、ヨガなどのイベントを開催したりと、さらに多くの地域の方が利用できるよう様々な試みに挑戦しています。　　　（朱恵雯）

定食あさひ

主催者：日野さんご夫妻

住所：〒181-0013
　東京都三鷹市下連雀2-23-15

連絡先：0422-24-8071

　JR三鷹駅から少し離れた所にある街角の食堂。店主の日野さんご夫妻は、「誰にとっても入りやすく」「家庭の味で満腹にさせる」という思いで、2014年に店を立ち上げた。

　味と健康にこだわって、調味料は近くの自然食品店から調達し、お米は減農薬のもの。手間暇を惜しまずに煮干しと野菜からじっくりとだし汁をとって日替わりのお味噌汁をつくる。岩手県魚屋さん直送のサバは人気の焼き魚定食。

　築40年の民家を改装したお店は、温かいレトロな雰囲気に満ちている。1階は厨房を囲んだL字型のカンター席、2階は子連れが喜ぶ畳敷きのお部屋。一人暮らしの高齢者やOL・サラリーマンから家族連れまで、客層豊かな地域の食卓である。

　4年経ってお店がやっと完成し、今後はもっと地域に根差して、三鷹の活性化に貢献したいと考えている。　　　（朱恵雯）

イロノハ

主催者：シーズプレイス
運営主体：坂本桂子
住所：〒190-0002　東京都 立川市幸町 5-96-7
　　　みらいの森プロジェクト
連絡先：07043982256
ホームページ：http://mirainomori.csplac.com/ironoha

　最寄り駅は西武線玉川上水駅。玉川上水の緑の道を、上水に沿って5分。2018年7月13日にオープンした cafe&photostudio イロノハ が緑の森の中にある。保護樹林に囲まれた一軒家。

　テーブル席とお座敷のある明るい居心地の良い空間で食べるランチは旬の野菜をふんだんに使い優しい味つけ。調味料にもこだわり、安全性への配慮も怠らない。

　運営者の坂本桂子さんはプロのフォトグラファー、カフェスペース

が休みの日は写真スタジオに早変わりする。コミレスは調理担当の難波友香さんとの二人三脚だ。

　カフェスペースには子連れのママ達でいっぱい。保育に関わってきた坂本さんの夢が叶えられつつある。

　「子連れのママも大人も老人もいろんな人が出入りしやすい場所、一歩踏み出せる場所にしたい」と坂本さん。将来は、食べるのに困っている子どもにおにぎりとお惣菜などを無料でもたせる「いつかあの子のごはん代」プロジェクトをやりたいと言う。

　「イロノハの開店にあたっても助けてくれる人が涙が出るほどたくさんいてくれる。子どもたちも助けてもらったことはいつか生きる！」希望の種がここにある。

（イロノハ パンフレットより）

埼玉県のコミレス

コミュニティ喫茶 元気スタンド・ぷリズム＆元気スタンドコミュニティモール

主催者：小泉圭司

運営主体：元気スタンド・ぷリズム合同会社／NPO元気スタンド

住所：〒340-0154 埼玉県幸手市栄3-2-106（幸手団地商店街内）

連絡先：0480-48-7372

FBページ：https://www.facebook.com/ 元気スタンドぷリズム-250235498368683/

　コミュニティ喫茶「元気スタンド・ぷリズム」は"押し付けない介護予防"をコンセプトに誰でも気軽に立ち寄れる居場所としてコミュニティづくりを行う。

　隣接する惣菜店「元気スタンド・ぷライス」や地域支えあい事業「幸せ手伝い隊」、自由な外出を支援する「レンタルセニアカー」事業を通じ生きがいづくりや、日常生活のサポートを行う。

　「元気スタンド・ぷリズム」では月に一回「暮らしの保健室」を開催し、看護師さんによる健康相談などを行う。様々な専門職や、地域で活躍するコミュニティデザイナーと連携しながら情報を発信し、いつまでも住み慣れた地域で安心した生活ができる仕組みづくりを目指している。　　　（浅見要）

コミュニティカフェ&ギャラリー まちカフェ

運営主体：特定非営利活動法人チーム東松山
住所：〒355-0016 埼玉県箭弓町3-4-7 松山フォトサービス店内
連絡先携帯：090-2328-8518（松本）
FBページ：https://www.facebook.com/machicafe.matsuyama/

　2010年8月、東松山市の「環境まちづくり」（環境基本計画に伴う行政との協働によるまちづくり）の拠点としてオープンした。

　2011年3月11日の東日本大震災の直後から被災地復興支援活動を始め、コミュニティカフェ・まちづくり・被災地復興支援の3事業を行うNPO法人チーム東松山を設立した。

　原発事故後、避難生活をはじめた方などが集う場として、また、女性起業家ステップアップ支援事業（埼玉県と東松山市の補助事業）のなかでチャレンジする場として機能している。2017年、隣接する銀行の拡張工事のため、立ち退き（解体）となったが、ご近所のカメラ屋さんから「まちカフェがなくなるのは寂しい、うちの半分を使ってみませんか」という申し出があり、翌年5月に移転・再開した。ショーケースを活かしてギャラリーも併設した。

　現在、ワンデイシェフによるランチや喫茶営業、「月3万円ビジネス（3ビズ）」ワークショップ、まちマルシェなどを開催している。

（浅見要）

純手打ち長瀞うどん ゴーシュ

主催者：北澤裕美子

運営主体：ゴーシュ自立支援＆相談所

住所：〒369-1305　埼玉県秩父郡長瀞町長瀞７３８-３

連絡先：090-5411-0818（北澤携帯）

HP：http://www.7b.biglobe.ne.jp/~udongoshu/

　ゴーシュ自立支援＆相談所は、軽度障がい者やニート・ひきこもり（不登校・中退者含む）の方など、就労困難な方が、一般就労できるまでのお手伝いをすることを目的に2006年スタートした。

　うどん店の業務を通し、社会性を身につけ、精神的・生活自立することを目的に活動し、コーチングやカウンセリングも本人や家族に行う。お店以外にも、秩父キッズフェスタや埼玉県域で行われる「こども夢未来フェスティバル」などのイベントにも、体験の場として毎年参加。高校中退者には、代々木高等学校（通信制）とも提携し、卒業できるようサポート体制を整えている。　　　　　　　　　　　（浅見要）

カフェ ソラーレ（Café SOLARE）

運営主体：NPO法人サポートあおい

住所：〒350-0034　埼玉県川越市仙波町2-10-35

連絡先：049-222-8098

ＨＰ：http://support-aoi.com/　＊ページ内リンク先有（編集中）

　カフェソラーレは地域の方々や川越観光でお立ち寄りのお客さんが、ほっと一息つける空間を目指し、日々営業しているコミュニティカフェです。

　老若男女問わず気軽にご来店頂けるよう願いも込めて、ランチメニューはすべてスープ、サラダ付でワンコイン（500円税込）以内というリーズナブルな価格にてご提供しています。

　また、店舗とは別に移動販売車輌（通称：ソラーレ号）によるイベント先販売や、企業・個人宅様へお弁当等のお届けサービスも行っております。

　通常の営業に限らず、お子さんを対象に『カフェスタッフを体験してみよう』というイベント活動も行っており、ご家族様に大好評をいただいているカフェです。

　今後、より一層、お客さんの笑顔に出会えるカフェづくりをすすめていきたいと思います。　　　　　　　　（浅見要）

四国のコミレス

柚冬庵cafe くるく

主催者：榊野瑞恵

運営主体：有限会社柚冬庵

住所：〒771-6404　徳島県那賀郡那賀町木頭南宇字ヲカダ25

連絡先：0884-68-2072

HP：http://kuruku.cafe/

「くるく」は木頭の言葉で「来るところ」。四国徳島県の深山にあるコミュニティ・カフェ「くるく」は、高齢者、子ども、若者、様々な人たちの「くるく」。毎週金曜日が営業日。木頭の昔ながらの日々の食卓のように、特産の柚子を手絞りして作る柚子酢をはじめ、地元の食材を使った、あたたかい気持ちのこもった手料理が頂ける。朝市やビアガーデンなど色々なイベントも開催。会議スペースとしても活用されており、地域内外の人たちが集まれる場所となっている。

（新野和枝）

九州のコミレス

森のごはんや

主催者：小野由美＆小野信一さん

運営主体：オーナー猫の「りんご」と小野さんご夫婦「限界集落」の田ノ口地区9世帯23人

住所：〒870-1214 大分市大字太田1703番地の21（通称田ノ口地区）

携帯：090-8394-6784（小野さん）

https://www.facebook.com/morinogohanya/

　森のごはんやは、田ノ口地区という9世帯23人の限界集落（ふるさと）を元気にしたいとの思いからスタートした。小野さん所有の豊かな森の中で2015年から体験学習を始め、多くの子どもたちや学生が参加。地域の人たちの居場所作りに取り組み、クラウドファンディングでログハウスを建設。2016年コミレス森のごはんやを開店。由美さんの地元食材のランチは限定10食750円、＋250円で珈琲が付く。

　イタヤカエデの森から集めた自家製メープルシロップが美味！　今後はさらに豊かなふるさと（ハンモック）の森づくりをすすめたいと考えている。　　　　　　（後藤武敏）

よらんせ～

主催者：山田悠二さんと地元の仲間たち

運営主体：ＮＰＯ法人さがのせき・彩彩カフェ

住所：〒879-2201　大分県 大分市大字佐賀関2170-3番地

連絡先携帯：097-575-1315（お店）

ホームページ：http://yolanse.junglekouen.com/e906194.html

　コミュニティ食堂よらんせ～は地域の茶の間/井戸端を目指し、大分市のまちなかにぎわいプランの助成を得てオープン。

　関あじ・関さば通りの賑わいづくりを目指す。

　高齢化・過疎化が進む地域の高齢者の交流拠点として、一息つける場所となった。

　お薦めは地元の漁師さんから直接仕入れる、鮮魚でつくる佐賀関の郷土料理、琉球定食680円や、琉球丼880円、タイより美味しいブリカツ定食500円、日替わり定食500円。

　佐賀関の海の香りと潮騒の音を、ここから遠くに行った人へ届けたいと願い、賑わいをを取り戻すために、大学や各種団体を巻き込みローカルデザイン会議で活動中。

（後藤武敏）

みんなの家

主催者：高橋さん稲生さんと福祉コミュニティ KOUZAKI のみなさん

運営主体：ＮＰＯ法人　福祉コミュニティＫＯＵＺＡＫＩ

住所：〒879–2111　大分県大分市本神崎６９７-4

連絡先携帯：097-576-0053 もしくは090-9477-7102（稲生さん）

HP：http://www.coara.or.jp/~fukura/kouzaki/kouzaki.php

「たがいに敬い助けあい支え合いの地域づくり」を実現する事が「ＮＰＯ法人　福祉コミュニティＫＯＵＺＡＫＩ」の願いだ。

約20年程前から900世帯約2300人11自治会のこうざき校区で様々な福祉活動に取り組んできた。

目の前の課題に対して「まずやってみよう」と動き始めることで住民力を強固にし続けていく。

「みんなの家」も「みんなの居場所が欲しい」から。住民が必要とするだけ、また、遠来から友人が来るとオープンする。

「男が賄う夕食・映画会は参加費500円」

認知症カフェ昼食会、キッズカフェにカラオケ会で地域を元気にし続けている。バーベキュー等、電話相談ください。

（後藤武敏）

ひがたカフェ

突然ひがたカフェランチ…開催日要確認
主催者：足利由紀子さん＆謎のスタッフ２名
運営主体：NPO法人「水辺に遊ぶ会」と中津干潟周辺の皆さん
住所：〒871-0006　大分県中津市東浜水辺に遊ぶ会の中津ネイチャーセンターひがたらぼにて
連絡先携帯：0979-77-4396（ひがたらぼ）
ホームページ：http://mizubeniasobukai.org/category/foods/

　水辺に遊ぶ会は瀬戸内に残された生ものたちの楽園「中津干潟」の保全を中心に大分県中津市周辺の水辺の環境保全活動を行っている団体で、レストランではない。ではなぜ？と思われるかもしれないが、彼らはタダの環境保護団体ではないからだ。

　ホームページやFBをご覧になっていただければ一目瞭然だが、彼らは獲った魚を「食べる」。

　大学や伝承料理の研究家と「中津の名産ハモ・カチエビ」を、海岸清掃や干潟の観察会の折には、地元の漁師と地元の食堂と干潟で獲れた魚（恵み）を子どもたちと料理して食べる。

　漁師・学校（子どもたち）・地元住民と企業さへも巻き込みながら干潟を守り続ける。　　　　　　　　　（後藤武敏）

九州のコミレス　149

ここちカフェむすびの

主催者：河野健司さん
別府鉄輪温泉にある
運営主体：特にNPO等の組織はなし 歴史的建造物のリノベーションカフェ
住所：〒874-0046　大分県別府市鉄輪上1組（別府市営温泉「熱の湯」そば）
連絡先携帯：0977-66-0156（店舗）
ホームページ：http://www.musubino.net/index.htm

　明治40年ごろに建てられたもとは医院だった一軒家。静かに佇みながらもまちを見守り続けてきた通称「下の家」。

静かに佇みながらも
まちを見守り続けてきた……
おかえり、「下の家」

　百年の時を経て「ここちカフェむすびの」となった。

むすびのランチ
ほうじ茶
お茶のとも
一品料理
汁物・ごはん

　大阪からやってきたマスターは、いつもこう言う。
「鉄輪（かんなわ）が好きやから」。

　大好きな鉄輪の「まちづくりの拠点」となれるよう、「身近な人に愛され、立寄りやすい場所」に育てていきたい。地域の診療に携わったこの建物を、これからは"食"を通して地域に健康をお届けできたら……と思う。

　心と体にやさしい「むすびのランチ」は盛りだくさんで、1080円。　　　　　　　　　　　　　　　　　　　　（後藤武敏）

gasse kuu ガッセクウ（gasseはドイツ語で路地とか小径の意味）

主催者：松尾真優美さん

運営主体：オーナーも同じ「自宅改装型店舗」

郵便番号：佐賀県佐賀市伊勢町9番26号

住所：〒840-0844　佐賀県佐賀市伊勢町9番26号（地図には佐賀歌謡学院と表示されます）

連絡先携帯：090-1369-8846（松尾さん）

FBページ：https://www.facebook.com/ガッセクウgassekuu-129358113833349/

　gasse kuu（ガッセクウ）は佐賀市内で30年間喫茶店を続ける松尾真優美さんの気さくな人柄により、多くの人達とのコミュニティを形成してきた。

　30年前に「茶食飲・空」（さしょくいん・くう）をオープン、14年前店舗移転とともに、「茶舎・空」に変身。佐賀駅に近いこともあり、ビールも提供し会社帰りの人にもくつろぎのパブに。4年前自宅を改装（移転）し、地元の人たちのくつろぎの場であり、空時代から続く「アート・コミュニティー」として、様々な作家の作品の展示販売を続けている。

　お薦めは、生の生姜から作る唯一無二のジンジャーエール hot 400円 ice 450円。　　　　　　　　　　　　（後藤武敏）

あとがきに代えて──
「分かちあいの経済」をめざして

20年前に筆者が提唱したコミュニティ・レストランは、各地でそれぞれの地域特性をもって進化してきました。

進化の方向は本書で明らかなように、人を雇用し、事業としていわゆる「食べていける」コミレスと、「地域の茶の間」として人々が集い、語らう場としてのコミレスという二つの方向性です。

どちらも大切なコミュニティづくりの場だと思います。

今後コミレスはどういう方向を目指したらさらにより良いものとなるのでしょうか?

私は今年10月初旬に、スペインのビルバオ市で開かれた「2018 GSEF ビルバオ大会」に参加してきました。

GSEF は、Global Social Economy Forum の略で、グローバリズムの台頭に対して、社会的連帯責任経済をめざす世界各地の地域社会の連帯フォーラムです。

韓国・ソウル市長パク・ウォンス氏の提起で、2013年の「ソウル宣言」から始まりました。2014年にソウル市で第1回、2016年にモントリオール市で第2回、第3回はスペインのビルバオ市で開かれました。

ビルバオ市のモンドラゴンは社会的連帯経済のモデルとして知られるところです。

社会的連帯経済は新しい概念です。

　私は「分かち合いの経済」と訳しています。

　この考え方が今後のコミレスとコミュニティづくりに活か
せたら素晴らしいと思っています。

　コミュニティレストランがめざすものは、まさに、分かち
合いです。

　お金、食べもの、コミュニティでの介護——これらを分か
ち合うためには、社会的連帯経済という考え方にパラダイム
シフトすることが必要なのではないでしょうか？

　本書が、これからコミレスをやってみようと思われる方々
の水先案内となり、またコミレスの存在をより多くの人々に
知らせ、分かち合う経済の発展の一助となるならば幸いです。

　本書を、出版してくださった梨の木舎の羽田ゆみ子さんをは
じめ、出版に関わってくださった多くの皆さまに感謝致します。

世古一穂

2019年1月

《プロフィール》

◆世古一穂（SEKO KAZUHO）

元金沢大学大学院教授
特定非営利活動法人　NPO研修・情報センター代表理事
コミレスサポートセンター全国代表・酒蔵環境研究会代表幹事
京都市生まれ。神戸大学文学部哲学科（社会学専攻）卒業。大阪大学大学院工学研究科博士課程後期修了。

○1998年度から「食」を核にしたコミュニティ支援を目的とするNPOの社会的起業モデルである「コミュニティ・レストラン」プロジェクトを立ち上げ、「コミュニティ・レストラン」のコンセプトを普及、コミレスを開設できる人材養成に取り組んでいる。

広がる食卓 ── コミュニティ・レストラン

2019年1月20日　初版発行

編　　著：世古一穂
装　　丁：宮部浩司
カバー絵・本文イラスト：たかく あけみ
発　行　者：羽田ゆみ子
発　行　所：梨の木舎
　　　　　〒101-0061
　　　　　東京都千代田区神田三崎町2-2-12 エコービル1階
　　　　　　TEL 03(6256)9517
　　　　　　Fax 03(6256)9518
　　　　　　eメール　info@nashinoki-sha.com
DTP：具羅夢
印　刷　所：株式会社 厚徳社

梨の木舎の本

傷ついたあなたへ
──わたしがわたしを大切にするということ　　　6刷

NPO法人・レジリエンス 著
A5判/104頁／定価1500円＋税

◆ＤＶは、パートナーからの「力」と「支配」です。誰にも話せずひとりで苦しみ、無気力になっている人が、ＤＶやトラウマとむきあい、のりこえていくには困難が伴います。
◆本書は、「わたし」に起きたことに向きあい、「わたし」を大切にして生きていくためのサポートをするものです。

978-4-8166-0505-5

傷ついたあなたへ 2
──わたしがわたしを幸せにするということ　　　2刷

NPO法人・レジリエンス 著
A5判／85頁／定価1500円＋税

ロングセラー『傷ついたあなたへ』の2冊目です。Bさん（加害者）についてや、回復の途中で気をつけておきたいことをとりあげました。◆あなたはこんなことに困っていませんか？ 悲しくて涙がとまらない。どうしても自分が悪いと思ってしまう。明るい未来を創造できない。この大きな傷つきをどう抱えていったらいいのだろう。

978-4-8166-1003-5

マイ・レジリエンス
──トラウマとともに生きる

中島幸子 著
四六判／298頁／定価2000円＋税

ＤＶをうけて深く傷ついた人が、心の傷に気づき、向き合い、傷を癒し、自分自身を取り戻していくには長い時間が必要です。4年半に及ぶ暴力を体験し、加害者から離れた後の25年間、PTSD（心的外傷後ストレス障害）に苦しみながらうつとどう向き合ってきたか。著者自身のマイレジリエンスです。

978-4-8166-1302-9

愛する、愛される【増補版】
──デートDVをなくす・若者のためのレッスン7

山口のり子・アウェアDV行動変革プログラムファシリテーター 著
A5判／128頁／定価1200円＋税

◉目次 1章 デートDVってなに？／2章 DVは力と支配／3章 もしあなたが暴力をふるっていたら？／4章 もしあなたが暴力をふるわれていたら？／5章 女らしさ・男らしさのしばりから自由に／6章 恋愛幻想【増補】今どきの若者たちとデートDV

愛されていると思い込み、暴力から逃げ出せなかった──
◆愛する、愛されるって、ほんとうはどういうこと？

978-4-8166-1701-0

愛を言い訳にする人たち
──DV加害男性700人の告白

山口のり子 著
A5判／192頁／定価1900円＋税

◉目次 1章 DVってなんだろう？／2章 DVは相手の人生を搾取する／3章 DV加害者と教育プログラム／4章 DV加害者は変わらなければならない／5章 社会がDV加害者を生み出す／6章 DVのない社会を目指して
◆加害者ってどんな人？ なぜDVするの？ 加害男性の教育プログラム実践13年の経験から著者は言う、「DVに関係のない人はいないんです」

978-4-8166-1603-3

子どものグリーフを支えるワークブック
──場づくりに向けて

NPO法人子どもグリーフサポートステーション 編著　高橋聡美 監修
B5判／110頁／定価1800円＋税

このワークブックは子どものグリーフプログラムの実施に向けて、実践者養成のために作成されたものです。ワークブックを通して、大切な人を亡くした子どもたちのことやあなた自身のグリーフの理解を深め、それぞれのグリーフに優しい生き方を探してみましょう。
◉目次 1. 子どもにとっての死別体験／2. ファシリテーションというよりそい方／3. ファシリテーションを支えるスキル／4. グリーフプログラムの実践／5. スタッフのケア／6. グリーフプログラムにおけるディレクターの役割

978-4-8166-1305-0

教科書に書かれなかった戦争

㊳2015年安保、総がかり行動
──大勢の市民、学生もママたちも学者も街に出た

著者：高田　健
A5判／186頁／定価1800円＋税

- 目次　1章　暴走を始めた安倍政権／2章　2014年6月30日、官邸前に人びとは集まり始めた／3章　2015年安保闘争の特徴／4章　同円多心の共同をつくる／5章　市民連合の誕生／6章　016年参院選は希望のある敗北だった／7章　これから──野党＋市民の共闘、この道しかない

「ゆくのは、わたしら」若者たちも街に出た。いま歴史を動かしているのは、改憲の政治勢力だけではない、戦争する国への道に反対する広範な市民の運動がある。

978-4-8166-1702-7

㊱歴史を学び、今を考える──戦争そして戦後

内海愛子・加藤陽子　著
A5判／160頁／定価1500円＋税

- 目次　1部　歴史を学び、今を考える／それでも日本人は「戦争」を選ぶのか？　加藤陽子／日本の戦後―少数者の視点から　内海愛子／2部　質問にこたえて／●「国家は想像を越える形で国民に迫ってくる場合があります」加藤陽子　「戦争も歴史も身近な出来事から考えていくことで社会の仕組みが見えてきます」内海愛子　●大きな揺れの時代に、いま私たちは生きている。いったいどこに向かって進んでいるのか。被害と加害、協力と抵抗の歴史を振り返りながら、キーパーソンのお二人が語る。●時代を読みとるための巻末資料を豊富につけた。特に「賠償一覧年表　戸籍・国籍の歴史……人民の国民化」は実にユニークです。

978-4-8166-1703-4

㊲過去から学び、現在に橋をかける
──日朝をつなぐ35人、歴史家・作家・アーティスト

朴日粉　著
A5判／194頁／定価1800円＋税

「いま発言しないで、いつ発言するのか」──辺見庸
斎藤美奈子・三浦綾子・岡部伊都子・吉武輝子・松井やより・平山郁夫・上田正昭・斎藤忠・網野義彦・江上波夫・大塚初重・石川逸子・多田富雄・若桑みどり・丸木俊・海老名香葉子・清水澄子・安江良介・黒田清・石川文洋・岩橋崇至・小田実・中塚明・山田昭次・三國連太郎・久野忠治・宇都宮徳馬・山田洋次・高橋良蔵・辻井喬・渡辺淳一　●歴史認識や人権意識への問いかけ。

978-4-8166-1802-4

㊻ラケットはつくれない、もうつくれない
―― 戦時下、下町職人の記憶

青海美砂 著　　画・五十嵐志朗
A5判／250頁／定価2000円＋税

戦争が起こり、……ラケット作りの技術が、人を殺すための道具作りに使われた……。「この物語の舞台になった東京都荒川区尾久町は小さな町工場がたくさん並び、職人たちの町として栄えていました。それが国家総動員法（1938年）により、軍から命令された軍需品を作るように変わりました（著者あとがき）」。ラケット職人の家族、著者自身の両親と兄が体験した戦時下と戦後の物語。

978-4-8166-1806-2

むし歯ってみがけばとまるんだヨ　　5刷
―― 削って詰めるなんてもったいない！

岡田弥生 著
四六判／192頁／定価1500円＋税

本書は歯の育児書です。「むし歯はとまる、とまっていれば大丈夫!」杉並区で20数年間健診医をつとめる岡田先生がお母さん、お父さん、おばあちゃん、おじいちゃんへ伝えるむし歯で削らないためのスキルとインフォメーション満載。
●目次　むし歯には自然治癒がある!／がんで死なない、むし歯で削らないを目指しましょう／きょうだい関係とむし歯／甘いものは上手に摂りましょう 等

978-4-8166-0802-5

シニアのための口腔ケア
―― いつでもどこでもブクブクうがい

岡田弥生 著
四六判／148頁／定価1500円＋税

口腔ケアは歯磨きだけではありません。笑うことも、「いただきま～す」も口腔ケアです。そして切り札はブクブクうがい！やがて介護される人、する人に知ってほしい51項目。
●目次　誤嚥性肺炎は口腔ケアでリスク軽減／胃ろうでも口から食べられます／咀嚼は歯だけで行っているのではありません／「健口体操」と水分摂取／「あいうべ」体操／ターミナルケアと口腔ケア／本当は必要な訪問歯科診療／介護施設の提携歯科医院と利用者の選択 など

978-4-8166-1803-1